小团队管理手册

饶美霞 著

吉林文史出版社
JILINWENSHICHUBANSHE

图书在版编目（CIP）数据

小团队管理手册 / 饶美霞著. — 长春 : 吉林文史出版社, 2019.5（2025.1）
ISBN 978-7-5472-6182-8

Ⅰ. ①小… Ⅱ. ①饶… Ⅲ. ①团队管理—手册
Ⅳ. ①C936-62

中国版本图书馆CIP数据核字(2019)第090648号

小团队管理手册

XIAO TUANDUI GUANLI SHOUCE

著　　者：饶美霞
责任编辑：弭　兰
装帧设计：鸿蒙诚品
出版发行：吉林文史出版社
地　　址：长春市福祉大路 5788 号
邮　　编：130117
印　　刷：三河市万龙印装有限公司
开　　本：880mm × 1230mm　1/32
印　　张：8.25
字　　数：156 千字
版　　次：2019 年 5 月第 1 版
印　　次：2025 年 1 月第 2 次印刷
书　　号：ISBN 978-7-5472-6182-8
定　　价：58.00 元

给你一个小团队，你该怎么带

大公司拼杀在一线的小组长、小主管；

中小公司的部门主管和经理；

刚开始创业的小老板；

……

这些人都是小团队的领导者，也都面临着同样的一个问题：如何带领好一个小团队？

在许多人眼里，大团队人员众多，关系复杂，工作任务重，业绩压力大，不好管理；而小团队则容易得多，就那么几个人，就那么点儿工作，很轻松就能搞定。其实未必如此。

小团队管理确实简单，但要真正管理好并不容易。团队再小那也是团队，而不是一个人。只要是团队就会牵扯到很多问题，例如人际关系的处理、目标计划的制订、工作任务的安排、员工积极性的激励等等。

小团队的管理最能锻炼人

小团队人少，资源少，实力弱，能够借力的地方也很少，一切都需要这几个人想办法去完成。

小团队的规章制度普遍都不够完善，员工与领导者的一切都会被对方看在眼里，对领导者的自身要求会更高。

在小团队的工作中，领导者通常与员工直接接触，而且必须对每一位员工的具体工作提出要求，因此，员工对领导的不满则会更多一些，这就容易使双方的关系处于“近则不逊，远则怨”的尴尬之中。

带好小团队是管理工作的起点

任何领导者，不管职位有多高，基本是从小团队管理开始做起的。如果一个小团队都管理不好，何谈管理大团队，走向更高层？

所以，不要小看小团队的管理。能够带领好一个小团队，就已经为成为一个优秀的领导者打下了坚实的基础。

那么，到底如何才能带好一个小团队呢？

这就是本书所要讲述的主要内容了。

小团队管理“减法”比“加法”重要，但如何去做“减法”呢？

小团队管理“人情”比“苛治”靠谱，但如何以情驭人呢？

小团队管理“倾听”比“说教”有效，但如何倾听呢？

同时，告诉读者：

如何让小团队有限的人手实现最佳匹配？

如何把小团队建立成为一个命运共同体？

如何为小团队订好目标计划？

如何提升小团队的执行力？

如何激励小团队成员努力工作？

如何让小团队的协作发挥最大效用？

如何把小团队打造成“学习型组织”？

本书重实用轻理论，为众多基层管理者以及创业者提供了工作中最容易遇到的各种问题的解决方案和基本技巧方法。

每章的最后都有一个小板块“小团队管理实战训练”。这个小板块选择了本章之中最棘手，也是最重要的问题，并给出了解决的办法。

在书的最后一章，介绍了小团队管理需要用到的一些经典理论和模型。也许有的读者已经非常熟悉这些内容，那也可以重温一下，说不定会有意想不到的收获；对于不熟悉这些内容的读者而言，则会成为日常管理工作的重要工具。

阅读本书，再结合不懈的努力，带好小团队并不难！

目
CONTENTS
录

第二章

小团队用人：匹配比优秀更重要，胜任比卓越更现实

第三章

凝聚人心：把小团队建成一个命运共同体

第四章
小团队管理更多的是靠“人情”，而非死制度

第五章
小团队，大目标：树立清晰的靶子，员工才能瞄得准

第六章
立刻去做——小团队，最重要的是推动执行

第七章
有效激励：让员工既体现价值，又得到回报

第八章
怎样说员工才愿意听，怎样听员工才愿意说

第九章
发挥团队力：不能 1 + 1 = 2，而要 1 + 1 > 2

第十章
营造氛围，创造机会，培养团队学习的习惯

第十一章
小团队高效进化：这些工具和理论必须掌握

第一章
简单实用：带领小团队，“减法”比“加法”重要

不要小看小团队管理。由于小团队人少，没有层级，很多东西都是直来直去，没有什么可以借力的地方，所以管理的核心是学会做“减法”，要足够简单，足够实用。同时，要明白自己的职责是什么，自己最应该干什么。否则往往是吃力不讨好，把团队管理得一团糟。

管理的起点：带好小团队

快速变化、迅速迭代是发展趋势。在这种趋势下，很多企业做出改变，其思考决策的时间单位不再是年、季度、月，而是周、天，甚至小时。这就要求整个组织的架构和执行力都要配套。而小团队简单灵活，沟通效率高，容易调整，船小好掉头，能够快速执行，正好符合这一要求。比如"阿米巴"模式的流行就是最好的证明。

"阿米巴"模式是日本著名企业家稻盛和夫创立的一种生产经营模式。"阿米巴"是一种非常小的虫子，这种小虫子有一个特点，就是可以无休止地进行细胞分裂并变形。"阿米巴"模式就是模仿了这种特点，把公司部门划分成一个个小组（小团队），对这些小组进行独立核算，从而完成公司整体目标。这可以说是一种全体员工共同参与经营的模式。

稻盛和夫 27 岁创办京都陶瓷株式会社（现名京瓷 Kyocera），52 岁创办第二电信（现名 KDDI，是日本第二大通讯公司）。在他的率领下，这两家企业皆以惊人的速度成长，而且都进入世界 500 强。京瓷是唯一经历 4 次经济危机而生存得很好的日本大企业，而且创造了连续50年从未亏损的奇迹。这些成就与其独特的“阿米巴”经营模式有着巨大关系。

“阿米巴”这种以“小”为特点的经营模式，获得了众多企业的追捧。

比如阿里巴巴的“大中台,小前台”运营模式。在阿里巴巴,“前台”就是指贴近最终用户/商家的一线业务部门；“中台”是为“前台”的业务开展提供底层的技术、数据等资源和能力的支持。阿里巴巴的这种模式，就像美军“特种部队（小前台）+航母舰群（大中台）”的组织结构方式。其最显著的特点就在于“特种部队”（小团队）的灵活性。这些组成人数不多的“特种部队”在战场一线，可以根据实际情况迅速决策，并引导精准打击。如此一来，阿里巴巴的竞争力大幅提升。

还有小米的“小团队作战”模式。小米公司的组织架构非常扁平，基本上是三层：七个核心创始人—部门领导—员工。而且不会让团队太大,稍微大一点儿就拆分成小团队。小米的这种“小团队”模式效率非常高，所以发展很快。

其实，包括腾讯、海尔、华为、中兴、韩都衣舍等著名企业，都是采用了“小团队”模式，而不是“大团队”运作模式。

另外，初创企业往往也是小团队，老板就是小团队的领导者。

小团队对于企业发展的重要性决定了小团队管理的重要性。而从个人的角度来说，基层管理是起点，职业角色的转换往往是从领导小团队开始的，想有一番作为，不管是打工，还是创业，都必须学会怎么管理小团队。

实战要点

团队发展的趋势：更小更灵活。小团队运作模式逐渐成为流行。

小团队管理是一个人有所成就的起点。

领导小团队，最能体现一个人的能力

认识到小团队管理的重要性，但并不等于就能管理好小团队。自负是许多人的缺点，特别是能够从众多普通员工中脱颖而出，走向基层管理岗位的人，就更加认为自己了不起了——不就是几个人的小团队嘛，有什么难管的？

其实，麻雀虽小，五脏俱全。团队管理与个人单干有很大的区别，一个是干好自己的工作就行了，而另一个则是要让别人干好工作。人都有自主性，“不服管”是人的天性，谁愿意整天被别人管着？所以，“让别人干好工作”不是一件容易的事情，涉及沟通、协调、激励、指导、承担责任、考核等方方面面的问题。虽然小团队只有几个人，但管理所需要的能力和技巧都必须具备，否则无法胜任。

另外，由于小团队人少，没有层级，很多东西都是直来直去，没有什么可以借力的地方，不像大团队，有层级可以分散压力，有不同的部门可以分摊责任，有众多的员工可以利用矛盾，所以小团队的管理是一个非常锻炼人的地方，也最能体现一个人的能力。

通常而言，管理小团队必须具备三种能力：

专业技能

小团队往往冲在一线，作为管理者，没有超强的“战斗力”，岂能管好团队？

概括能力

这是指分析、判断、决策的能力。在小团队完成任务的过程中，总会遇到各种问题，而要处理这些问题，必须具备这种能力。概括能力往往是基层管理者比较欠缺的地方，要想带好团队，甚至是向高层晋升，就一定要强迫自己积累经验，不断提升。

人际关系处理能力

管理的核心就是管人，要管人就必须有效地处理人际关系。小团队人际关系不会太复杂，但总会出现人际问题，这就需要管理者协调、沟通、激励或者批评，以保证团队的稳定性和战斗力。

当然，对于初次走上管理岗位的人来说，这需要一个适应和积累的过程。在这个过程中，须要注意以下三点：

不要忘了自己的角色

第一次带领小团队，往往会由于惯性的作用，仍然将自己定位于普通员工，在工作中埋头忙于各项事务，拼命努力，却忘记了自己现在的职责是计划、安排、督导。

不能当好好先生

不习惯进行培训和授权，害怕得罪人，如同好好先生，和稀泥，不敢管理，认为很多事务与其花时间教员工还不如亲自去做。这会使团队疏于管理，缺乏凝聚力。这样绝对带不好团队，即使团队很小。

不要急于求成

虽然敢于管理，但往往过于急躁，方法简单粗暴，有时还会将自己的意愿强加于人，导致人际关系紧张，给管理工作造成障碍。

总之，接手了一个小团队，就一定要正确对待，不急不躁，充分发挥自己的能力，并不断磨炼和提升自己，干出一番成绩。

实战要点

不自负，也不胆怯，正确面对压力和挫折。

敢于管理，严格管理，并能充分运用各种管理技巧。

方法要点：足够简单，足够实用

小团队管理的要点是简单实用。相对于大团队来说，小团队的管理要灵活得多。

小团队的人员较少，没有必要制定太多复杂的条条框框来限制，制定者和执行者往往就那么几个人，走流程、讲制度，上纲上线，实在没有必要。

不要把小团队管理搞得太复杂，只有简单的东西才容易施行。

小团队的资源往往非常有限，“减法”比“加法”更重要，只要能达成目标，做的事越少越好，不要为了管理而管理。

要知道，管理是手段，出业绩才是目的，为了管理而管理，那是刻舟求剑。

“天天搞一些故弄玄虚、华而不实的会议、集中活动，占用大量的营业时间和管理时间，根本没有用！”这是一位员工的抱怨，其实也是道出了小团队管理的真谛——简单实用。

有些团队管理的特点是重计划轻总结，重态度轻行为。这种团队的员工都很努力、也很听话，似乎表现得很好，但就是没绩效，不给公司赚钱。这样的小团队就是中看不中用的“花瓶”。

那些优秀的小团队，都是采用简单实用的管理方法。比如腾讯的“敏捷团队”，许多重要的产品都是这些小团队的杰作。

“敏捷团队”不会试图去构建那些华而不实的系统，他们总是更愿意采用和目标一致的最简单的方法。他们并不看重对于明天会出现的问题的预测，也不会在今天就对那些问题进行防卫，避免过分设计，过分分析，过分架构。相反，他们在今天以最高的质量完成最简单的工作，深信如果在明天发生了问题，也会很容易进行处理。

总的来说，在小团队管理之中，需要遵守以下三个原则：

简单有效

处理事情尽量去繁入简，能用最快的速度来解决问题最好。集中力量把主要矛盾解决掉，剩下的一些小问题就可以商量着来处理，无须再走流程和层层申报。

不搞形式主义

形式主义浪费时间,不“打粮食”。比如,每天开早会分享心得、激励培训、下达任务要简单明了，不要长篇大论没个重点。

可操作性要强

小团队里讲究的是所制订的计划和任务要有可操作性，不能玩儿虚的，无法落地。小团队是计划和任务的具体实施者，要真刀实枪地干，如果面对的计划和任务完全不符合实际情况，无法操作，那是非常糟糕的。

小团队管理就两个字：务实。只要方法足够简单，足够实用，就能轻松带好小团队。“务虚”是大团队、大领导考虑的问题，和我们关系不是很大。

实战要点

小团队管理必须足够简单，简单意味着抓住主要矛盾，解决核心问题。

小团队管理必须足够实用，实用意味着便捷、有效，快速解决问题。

核心职责：激发下属而不是自己拼命

作为小团队的管理者，必须明确自己的主要职责和角色定位。如果这一点出现偏差，往往很难管理好一个小团队。

新都经济开发区有一家广告公司，其客户部有6个人，一个经理，5个业务员。公司近80%的业务是经理一人负责，团队其他5

人承担了另外20%。虽然经理马不停蹄，累死累活，做了大量工作，但是团队的整体业绩却很不理想。

这位经理忽视了一个道理：带好兵才能打胜仗，单靠一人冲锋，结果可想而知。也许他是一个非常优秀的业务员，但不是一个称职的管理者。管理者的主要工作是激发下属，让下属努力干，而不是自己去拼命。毕竟个人的能力是有限的，只有发挥团队的整体水平，才会取得更好的业绩。

有些人会认为，小团队就那么几个人，大家都互相看着，作为管理者应该起模范带头作用，给大家做表率。这话没有错，领导者确实应该做好榜样。但是，这个榜样是为了激发下属的工作积极性和主动性，而不是把整个团队扛在自己肩上前进。

程序员的工作非常辛苦，被称为“码农”，但小杨硬是凭借一股拼劲儿在公司站稳了脚跟，逐渐成了资深“码农”。新进入公司的员工，也是不时地向小杨请教问题。

一年后，公司获得B轮融资，开始大规模扩张。

有一天，经理突然把小杨叫到了会议室：“小杨啊，你看你进入公司也一年多了，工作技术和态度都很不错……公司打算让你负责一个5人开发小组，你觉得怎么样？”

小杨没想到幸运来得如此突然，虽然心里隐隐有点儿担忧，但还是立刻向经理表示决心：我一定不负领导期望，把这个小团队带好。

然而，当真正当上小组负责人之后，他才体会到这个工作并不好干。

当时，为了抢占市场，公司的一款重要产品亟须上线，小杨的研发组进行攻坚。由于开发任务很重，小杨的第一个决定就是申请加班，开启996加班模式（早上9点上班，晚上9点下班，一周工作6天）。作为组长，小杨一个人挑起了开发的重担，产品也做到了提前完成。

产品需要不断迭代开发，小组成员规模也随之不断扩大，从最开始的5个人到10个人，新的项目也从最开始的1个变成了3个，这个时候任务量急剧加大，小杨的加班时间越来越长，压力也越来越大，他感到力不从心。更为可怕的是，开发小组的工作效率似乎没有以前高了，对此，经理已经对他进行了提醒。

屋漏偏逢连夜雨，竟然还有团队成员跟经理抱怨说在小杨的团队里干的都是杂活儿，难于成长！

小杨觉得非常委屈：我这么拼命努力，反而不讨好，下属抱怨，上司不满。这到底是怎么回事儿呀？

其实，小杨就是犯了核心职责认识不清的错误。他还把自己当作“主程”，而不是“主管”。比如，遇见一些难度较大的任务，给下属做可能需要四五个小时，而自己做则只需要一两个小时，这个时候他会把所有难点问题揽过来独自解决，以为这是最高效率的解决方案，结果就导致自己越来越累，其他成员越来越轻松，整体效率越来越低。同时，团队的成员没有机会解决难题，能力自然也就难于提升，抱怨也就随之出现了。

所以，小团队管理，必须摆正自己的位置，做好自己的定位。

努力工作是必须的，但更重要的是让团队成员更努力地工作。

另外，团队的管理者如果完全投入到具体事务中去，往往会忽略团队的大方向、大问题。马云曾经说过，在职场上，他最讨厌三种人：认真拼命做事的人；太注意工作细节的人；天天说公司不好的人。

通常人们认为，马云应该会喜欢工作中拼命做事的人。但是，却恰恰相反。在他看来，太认真拼命的人只顾着埋头做事，讨厌变化，缺乏创新，很难有显著贡献。

其实，在小团队管理中，也是同样的道理。

实战要点

管理小团队，自己要努力，更要让员工努力。

优秀者：激发团队全体奋勇向前；失败者：把团队扛在肩上艰难向前。

不当“传声筒”，要做“增益器”

“把自己当成一个传声筒”是小团队管理者很容易犯的错误。在他们的认识里面，自己只是一个小小的组长、主管或者部门经理，没有决策权，只能按照领导者的意思去执行。领导怎么说，自己带领团队就怎么做。于是，他们会把上级的话原封不动地转达给团队成员。

这种管理者在接受任务或指示时，往往会这样做：

不做笔记，也不询问清楚，想当然，草率地便说：“我知道了，没有问题。”

接受完任务之后，也不做详细的计划，便给团队成员安排工作，并说：“这是上级的要求，我也没有办法，你们一定要想办法完成。”

安排完工作之后，当甩手掌柜，也不去管、不去看、不在现场，因此，当第一线执行人员遇到困难时他也不知道，就算知道了也不想办法去解决。

当任务遭到重大挫败或无法完成时，上级追究下来，他便说：“你安排的任务我对他们说得很清楚，他们没有做好。”然后，回

头便训斥团队成员 :“你们怎么那么笨，我不是跟你们说过了吗？”

骂完之后，也不懂得去分析与检讨改善，以避免类似的事件再度发生。然后，就在不断地被骂与骂人之中，迷迷糊糊地混日子。

在他们的心里，只要把上级安排的任务分配下去就行了，剩下的都是下面员工的事情。至于怎样才能让任务更好地完成，员工在完成任务时会遇到哪些困难、如何解决等问题，他们觉得不是自己的事情，所以也就不去考虑。

这样的小团队管理者完全不合格。

要知道，高层管理者或者公司经营者常常需要站在俯瞰全局的高度，思考整体的经营思路，因此难免过于抽象，缺乏具体内容。下面的基层管理者要做的是根据自己所带团队或部门的实际情况以及职能，将这些抽象的指导“翻译”成更具体的内容，比如想出一个完成任务的具体方案，然后再把工作分配给具体的每个人。

作为小团队管理者，不能只当“传声筒”，而要做“增益器”。

充分吸收理解高层的意图，吃透任务，根据实际情况想方设法带领团队高质量完成任务，甚至超预期完成任务，这才是一个优秀的团队管理者。

实战要点

“传声筒”的最终结局是上级不喜欢,下级讨厌,两头受气。

增强责任感，勇于担当，积极想办法，与员工一起努力才是唯一的出路。

角色定位：既是兵头，也是将尾

小团队管理者作为冲在第一线的骨干，在企业中扮演多种角色，既是兵头，也是将尾，既要劳心，又要劳力，在团队工作中是导演，在企业整体管理中是配角。

小团队管理者的三个角色：

上级面前：服从者、执行者、受训者、协助者。

下级面前：计划者、指挥者、监督者、授权者、培育者、激励者。

同级面前：协同合作者、支持配合者、竞争者。

只有对自己的角色能够充分地认识和正确地把握，才会找准位置，执行好上级决策，管理好团队工作，完成好工作任务。

在小团队管理过程中，如果处理不好自身角色定位的问题，就会出现角色偏差。

一是处理与上级的关系时，出现越位。

二是在管理团队的过程中，出现缺位。

角色偏差会对企业整体运营和小团队管理造成负面影响，需要及时进行调整。

出现越位时的应对策略

有些小团队领导者能力很强，成绩显著，但容易把个人感情带入日常工作，对上级交办的工作越权代办，在处理与上级关系过程中，常会发生越位的错误。这主要表现在两个方面：一是决策越位。处于不同层级的管理者决策权力差别很大，应由上级领导做出的决策，下级却超越权限，擅自做主。二是表态越位。本应由上级领导表态、答复的问题，下级却抢先表态，超越身份，任意表态。

小团队管理者在上级面前是下属，是被管理者，是服从和执行命令者，双方之间是委托代理关系，小团队管理者只能代表上级管理自己的团队，而不是完全依据自己的个人意志去管理。小团队管理者必须进行清晰的角色定位，在自己的职责范围内实现管理的专业化，不能插手上级事务，要严格按照授权限定去掌握和处理工作，做到不越位。

出现缺位时的应对策略

小团队管理者首先要清楚自己的责、权、利范围和具体内容，明确自己的工作职责和任务，明白企业和上级领导对所在位置的角色期望，要认清自己，在激烈的竞争环境中把握自己，必须对企业负责，对上级负责，对下属负责，对自己负责，对组织和社会负责，做到不缺位。

作为小团队的领导者，必须对团队工作负责，不能懈怠，要认真执行，努力完成，发挥指导作用，必要时亲自动手，找出方法，使杂乱无章的事情步入正轨，关注组织和部门的变革创新，把团队的力量汇入组织中，推动组织向前发展，力求把工作做到位。

在应对小团队管理缺位时，要掌握好一个度，否则容易走入极端——占了员工的位置，什么事都替员工干。

一天，李主管正在办公室忙着查看车间计划进度表，下属小王来请示说：“隔壁那个车间的空调滴水严重，给我们带来了不少麻烦，可因为涉及别的部门，是不是请您过去跟他们打个招呼？”

李主管马上说：“好呀！我去看看！”

但是，他放下手里的进度表正要走时心里想：“这种事情他们完全可以自己处理，为什么非要我去？怪不得我这么忙！”

于是，他马上把小王叫了回来说：“刚才这个问题还是你先去协调一下吧，应该问题不大。”

小王有些犹豫地说：“这个……”

李主管打断他的话，坚定地说：“去吧，如果协调不行，再来找我！”

15分钟之后，小王过来说：“不需要您去了，小事一桩，我们已经搞定了。”

作为小团队领导者，不能让员工的问题变成你的问题，不能让员工的麻烦变成你的麻烦，指导、督促员工干好工作才是你的角色定位。

总之，明确自己的角色定位，才能更好地带领好一个小团队。

实战要点

正确地评价和定位自己，既要适当地表现自己，也不要锋芒毕露。

带领团队做出业绩是核心，同时也要注意管理经验和人脉的积累，不断地提升自身的能力。

小职位严自律：先律己，后律人

自律，对于任何一个管理者都很重要。特别是小团队，成员少，相互之间相处的空间小，时间多，联系更紧密，其领导者的行为对团队的影响更加直接和严重。

俗话说："律己方能律人。"管理者只有身体力行才能树立权威，政令才能得到施行。

从团队管理的角度来说，自律就是一种能力。具有这种能力，才能带领好一个团队，做出非凡的业绩。

华为是中国企业的骄傲。华为有一个自律宣言，值得任何一个企业学习。从 2007 年开始，华为的最高领导层（从人数来说也是小团队）每年都要当众宣誓，承诺自律。其宣誓词如下：

1. 我绝不搞迎来送往，不给上级送礼，不当面赞扬上级，把精力放在为客户服务上。

2. 我绝不动用公司资源，也不能占用工作时间，为上级或其家属办私事。遇非办不可的特殊情况，应申报并由受益人支付相关费用。

3. 我绝不说假话，不捂盖子，不评价不了解的情况，不传播不实之词，有意见直接与当事人沟通或报告上级，更不能侵犯他人隐私。

4. 我们认真阅读文件、理解指令。主管的责任是胜利，不是简单的服从。主管尽职尽责的标准是通过激发部属的积极性、主动性、创造性去获取胜利。

5. 我们反对官僚主义，反对不作为，反对发牢骚讲怪话。对矛盾不回避，对困难不躲闪，积极探索，努力作为，勇于担当。

6. 我们反对文山会海，反对繁文缛节。学会复杂问题简单化，六百字以内说清一个重大问题。

7. 我绝不偷窃，绝不私费公报，绝不贪污受贿，绝不造假，我们也绝不允许我们当中任何人这样做，要爱护自身人格。

8. 我们绝不允许跟人、站队的不良行为在华为形成风气。个人应通过努力工作、创造价值去争取机会。

正是因为华为的领导者严格自律，为员工做出了良好的榜样，所以才能严格要求，铸就了强大的竞争力，创造辉煌。

那么，小团队的管理者怎样才能自律呢？

要学会自省

小团队领导者要善于自省，不断反思自己，对自我角色要有正确的定位和认知。这样，才能充分认识自己的不足，不断修炼，与时俱进。同时，还要善于借鉴先进的工作思维和方法，尽量少犯错误。即使在工作过程中出现了失误，也要及时改正，并吸取教训，时时引以为戒。

要有公平心

作为小团队领导者，要有清晰的角色感，要着力于制度和资源分配的公平性。要知道，有很多人的离职是因为上司的不公，进而对公司彻底失望。

要想在团队管理中做到公平公正并非易事，一方面要与自己的私欲斗争，另一方面还要善于将公平体现出来，创造公平的团队竞争环境。

要有主动服务的责任心

对于团队领导者来说，虽然有更多的自由，但是，在一些基本管理工作上，需要对自己提出比员工更高的要求。因为管理者更是服务者。在工作的过程中，管理者应该尽可能地为员工提供支持和指导。这是团队管理者的责任。小团队人少，管理者可以从细节着手，让员工获得最及时的帮助。

要成为规则的遵守者

“其身正，不令而行，其身不正，虽令不从”。如果一个领导者没有做到“身正”，员工一定会有各种各样抵触的表现或者干脆辞职，另谋高就，原因就在于跟着这样的领导者看不到自己的发展前途。领导者对规则的破坏有放大效应，是自毁长城，会对小团队造成致命的打击。

同时，自律者不仅要克制自己的言行，还要时刻抑制自己的贪婪，一个贪婪的人也是自私的。在贪婪中，人常会失去理智，做出非理性的判断。尤其在团队中，贪婪者甚至会与下属去争夺利益。要记住，贪婪是团队管理的大忌。

实战要点

要管好别人，先要管好自己。所以，走向管理岗位、带好小团队的第一步就是保持自律。

刚开始，约束自己是一种痛苦，但是，当这种行为形成一种习惯之后，就会变成一种强大的领导能力。

“自律”并不是要充当“苦行僧”的角色，而是要带头遵守规则，洁身自好，保持公正公平。

小团队管理实战训练：
和你关系最好的员工犯错误，你该怎么办

在小团队管理的过程中，常常会出现让人头痛、左右为难的情况。比如，与你关系最好的员工，也就是你的亲信犯了错误，你该怎么办？

团队里的其他员工都在盯着，你对其如何处理，是否公平公正，会给团队造成巨大的影响。

这是一个非常棘手的问题。如果你处理轻了，大家说你偏心，不公平，而且对于其本人也达不到教育的效果；如果你处理重了，大家说你心黑不重感情，而且你自己心里面的那道坎儿也不好过。

要处理好这件事，就必须要有高超的实战管理技巧。

1. 你该承担什么责任就一定要承担，不能推卸。毕竟是你团队的员工犯了错误，而且和你的关系最好，你必定有管理不到位的地方。

2. 一定要私下里与其沟通，讲清楚各种道理和利害关系，让其认识到错误的严重性，做出反省。

3. 按制度处理，不能因私忘公，甚至还可以树立典型，以儆效尤——这样的员工都处理了，其他员工就更不必说了。

4. 帮助其改正错误。小团队人少，可以腾出一定的时间和精力，为犯错误的员工提供帮助，让其尽快走出低谷。

其实阿里巴巴马云处理卫哲的案例，能为小团队提供借鉴。虽然这与小团队管理的具体情况大不一样，但其中道理和方式方法有共通之处。

卫哲曾经是阿里巴巴企业对企业（B2B）公司的首席执行官（CEO），深得马云赏识。卫哲不负众望，将阿里巴巴收入带上了新的高度。后来，由于“供应商欺诈事件”卫哲引咎辞职。作为阿里巴巴 B2B 公司的最高领导者，下面发生这么严重的事情（阿里巴巴平台上出现涉嫌欺诈的客户），确实有不可推卸的管理责任。当时人们普遍认为，卫哲会受到处罚，但没有想到会这么严重——离开公司。

在马云看来，这不是小事，而是天大的事情，是价值观问题，触碰到了公司的底线——诚信。这个事情必须有人要承担责任，而这个人就是卫哲以及众多公司高层。最终，卫哲自己提出了辞职，离开了阿里巴巴。

马云在处理卫哲这件事上，坚持了原则——谁也不能违背公司价值观，但也没有亏待卫哲。卫哲拥有 4800 万股阿里巴巴的股份（阿里巴巴在香港上市时获得的），而且当时年薪高达 5000 万元。后来，卫哲创办的嘉御基金，马云是第一个投资人。

卫哲在一次采访中说：“马云很多时候在成就我，成就其他的人。我们的财务自由需要感谢马云的舞台。戏唱得多好也别忘了马云是给我们搭台的那个人。”可见，卫哲最终是感激马云的。

从这件事可以看出，马云在处理团队的问题时很有艺术性。作为小团队管理者，遇到同类的问题时，是否能从中受到启发呢？

第二章

小团队用人：匹配比优秀更重要，胜任比卓越更现实

小团队在用人方面弹性很小，必须一个萝卜一个坑儿，充分发挥每个人的积极能动性，把最合适的人安排在最合适的位置上，或者让最合适的人做最合适的工作。这样才能最大限度地提高效率，做出业绩。

把最合适的人放到最合适的岗位

小团队管理最重要的问题之一就是如何进行合理的人员匹配——让最合适的人干最合适的工作。

小团队人员有限，必须让每个人发挥特长，挖掘其最大的潜能，创造最高的效率。但在实际工作中要做到这一点很不容易。

张峰是一家互联网技术公司的项目主管。他遇到一个程序设计师，名牌大学毕业，工作态度也不错，但就是编程速度很慢，效率很差，经常拖项目组的后腿，这令他很头痛。不论怎样与这位员工沟通，效果都不是很明显，即使多次给这位员工安排专业性的训练课程，仍然不见起色，这位员工的工作成果真的很难看，又没办法改善，张峰真不知道该如何是好。

相信很多管理者在用人方面都会遇到类似的困扰，感觉某位员工是个人才，但就是在现有位置上做不出成绩，又不知道该怎么样调整其岗位。

在一个团队中，如果只是进行人才的堆积是不够的，必须进行合理有效的配置，谋求人与事的适当配合，实现员工与岗位的良好匹配，使合适的人干合适的工作，才能发挥其最大的效用。

每个人都有自己的短处，也有自己的长处。在小团队管理中，“合适的人”就是其所具有的特长符合某个岗位特点的人。同时，不要因为某个员工有一些缺点就全盘否定他，认为他不适合团队。

苹果公司创始人史蒂夫·乔布斯曾经说过这样一句话：“‘垃圾’是放错位置的宝贝。”

没有用不好的员工，只有不会用员工的管理者。

有一位团队的管理者很会用人，特别是有缺点的员工。例如，他让爱吹毛求疵的人去做产品质检的工作；让谨小慎微的人去做安全监督的工作；让斤斤计较的人去做财务工作；让爱道听途说、传播小道消息的人去做信息搜集工作；让性情急躁、争强好胜的人去做需要短时间内完成的紧急工作……结果，这个团队的业绩非常优秀！

通常来说，这些人都有非常明显的缺点，没有人愿意用，但这位管理者，能把合适的人放到合适的位置上，让“缺点”变“优点”。

因此，在小团队管理中，对于员工的缺点，没必要十分在意，给他换个合适的环境，采取适当的使用方式，就能使其表现出旺盛的工作热情，从而成就一名优秀的好员工。

在具体工作时，还可以适当地放大员工的优点，起到激励作用。

其实，人的短处和长处没有绝对的界限，往往是长中有短，短中有长。有的员工性格倔强，固执己见，但他同时必然颇有主见，不会随波逐流，轻易附和别人意见；有的员工办事缓慢，效率偏低，但他同时往往有条不紊，踏实细致；有的员工性格怪异，特立独行，但他可能有创新意识。因此，作为小团队管理者，需要具备“火眼金睛”，看到员工身上所具备的优点而非缺点，并将这一优点用“放大镜”放大。这样，看到的也许是另外一个“完美”的员工。

如果能真正做到这一点，一定能够带好一个小团队，成为一位优秀的基层管理者。

实战要点

扬长避短、量才而用、合理匹配是小团队管理的关键点。要善于用“放大镜”看员工的优点。

用人标准：价值观 > 个人能力

在小团队用人方面，常常会面临这样的问题：一个能力超群但对团队价值观不是很认可的人A，一个非常认可团队价值观但能力一般的人B，这两个人到底该用哪一个？

许多小团队的管理者会选 A，而放弃 B。在他们看来，我的团队小，有能力的员工才能推动团队发展壮大，做出业绩。而没有能力的员工则做不到这一点，甚至还会成为团队的累赘。

这确实有一定的道理，但从长远来说，这是非常错误的选择，是饮鸩止渴。这种选择只看到了短期利益，而忽略了长远发展，为以后埋下隐患。有经验的团队管理者，往往会选择 B，特别是团队关键岗位，绝对不会选 A。

在小团队里面，成员的价值观一致非常重要。

只有价值观一致的团队才会有默契；只有价值观一致的团队才经得起外界的诱惑；只有价值观一致的团队才能共同面对风雨，不离不弃。

下面是一个团队管理者的心得：

我不喜欢天天跟员工去争论加班对不对，加班要如何核算加班工资这些问题。当员工开始跟你计较这些细枝末节时，可能你就得反思，团队用人选才的策略问题了。

前段时间，一位就职不久的员工打算辞职。当时我在思考，等会儿离职面谈要和她谈些什么，虽然她在职时间不长，但我希望这场离职谈话对她接下来的工作有所帮助。

我让她先提想法，她倒实话实说道出了自己的委屈：公司经常有事情要加班，但从来没提过加班费，那我为什么要加班呢？公司经常跟我们谈个人成长，但也没说什么时候涨工资。

我问她：那你认为公司在哪些方面做得很到位？

她回答道：好的我就不说了，我觉得有几点特别不好的……

后来，我之前准备跟她聊的一些话一个字都没说出来，而是客气而“愉快”地结束了那次沟通。

我没办法去跟她争论孰是孰非，因为这涉及团队与员工价值取向的不同。改造一个人，能力与价值观，后者比前者艰难得多，或者说，一个人的能力可以慢慢培养，但价值观一旦确立，却难以动摇。有句老话，江山易改，本性难移，说的就是这件事。

另外，在小团队里，进一个新人，或者离开一个人，对团队引起的或明或暗的振荡都不容小视。不像大团队，员工众多，进来一个新人，甚至十个新人，大家可能都没什么感觉。辞退一个人，或者辞退几个人也再正常不过。

但小团队不一样，总共就那么几个人，或者十几个人，谁进来了，谁离开了，大家都看得很清楚，也非常敏感。这种人事上的变动容易被关注，被放大。

如果不认同团队的价值观，这样的员工很难待长久。不管最终是自动离职，还是被辞退，这个员工都会心有不快，不会说团队的好话。这对团队其他成员会产生一个消极的影响。那些正埋头工作的员工也许表面上不说什么，但团队工作氛围却会发生微妙的变化，这细微的变化倘若管理者没有察觉，很有可能演变为一股暗藏的负能量，随时有可能爆发。如果是关键岗位的员工离开，这种消极影响会更大。

所以，小团队用人，价值观比能力更加重要。

马云说：“使命感和价值观是最值钱的东西。”阿里巴巴之所以发展壮大，与其领导者能有这样的认知，并贯彻到团队管理中去有很大的关系。

2001 年的时候，阿里巴巴的规模并不是很大，还算小团队，就开始对使命感和价值观实行了考核，把其与奖金挂钩。

当时，阿里巴巴有个决定生死存亡的讨论，后来被称为“遵义会议”。那时，摆在他们面前的是要选择走哪条路——到底要不要给客户回扣？要知道，当时阿里巴巴很困难，急需要找到客户。但他们最后决定：我们这个公司就是不给回扣。在马云看来，给回扣违背了阿里巴巴的价值观。三个月后，业绩最佳的两个销售人员给了回扣。马云立刻将他们开除了。

在优秀的管理者眼中，价值观大于个人能力。正如伟大的企业家杰克·韦尔奇所说：“即使工作出色，但如果他不具备公司的价值观，那么公司也不会要这样的人。”

实战要点

在一个小团队中，如果成员没有相同的价值观，不用竞争对手打败你，你首先会因为内耗而亡。

优秀团队有一个共同认知：价值观比能力更重要。

能力可以培养，但价值观的改变很难，即使借助外力，也收效甚微。

职位是为普通人设计的，而非圣人

在团队中设置什么职位，如何设置很重要。它直接影响团队的稳定、执行力和效率。职位的设置必须要合理，不能太理想化。要知道，职位都是为普通人设置的，而非圣人。在小团队中，职位本身就比较少，所以，设置要更加谨慎。

职位设置要科学合理

在团队中设计职位时，要非常谨慎，不能把员工当成天才，而设置出一些“只有神才能胜任”的职位。如果发现职位设置得不合理、不科学，就应该重新设计这一职位，不要用员工来做实验。其实，只有让普通人在平凡的职位上都能做出不平凡的成绩来，才能证明一个团队的优秀。

职位设置要有挑战和提升的空间

科学合理地设置职位的同时，还应该让它带有一定的挑战性，具有一定的拓展空间，能使员工充分发挥自身的优势和长处。但是，很多团队并没有这样做，他们把职位设置得很死，面很窄，员工只能在特定的条件下完成特定的任务，根本没有任何发挥的余地。这是非常错误的做法。其原因有两个方面：

一方面，任何工作都是在适应社会的发展，职位要求再怎么简单，其实都是复杂的，不给员工的职位一定的空间，时间长了就会固化，不利于适应外界的发展变化。

另一方面，僵化的工作将使员工失去激情和动力，打击其创造性。如果员工觉得工作没有任何挑战性，索然无味，那么他们就会离开，或者毫无成就可言而变成老油条，玩世不恭，敷衍工作。这是团队管理的悲哀。

实战要点

团队内部职位的设置需要符合客观实际情况，不能好高骛远。

只有让普通人在平凡的职位上都能做出不平凡的成绩来，才能证明一个团队的优秀。

让专业的人做专业的事

“金无足赤，人无完人”，一个能力再强的人，也必定会有所欠缺。所以，在小团队管理中必须记住，始终要让专业的人去做专业的事，即便你非常能干，也不能逞强或自负，以为自己十项全能。

在实际工作中，很多团队领导者放不下，总是自我感觉良好，自以为是，觉得自己什么都行，什么都抓在自己手里，对任何人都不放心、不信任。特别是小团队，成员不多，能一竿子插到底，于是就管得更宽更多。

他们总觉得那些看上去很简单的事情，谁都可以做，没什么专业可言，于是便想“掺和”进去，但结果往往是事与愿违，以失败而告终。其实，这些看上去简单的事情，往往也有一定的专业性。

团队要发展，就必须变得“专业”，而专业性的来源，靠的就是让每一个岗位都由专业的人来做,让每一个员工都成为“专业的人”。

当然，团队要实现“让专业的人做专业的事”，必然需要经历一个过程。

首先，领导者要有这个意识，对于团队管理中的各项事务，都应当有一定的认知，并且知道很多事情都不是“随便拉一个人”就能做的，知道那些事情是需要有专业的人来做的。不过，“专业的人”并不仅仅是说学那个专业的人，关键是看他是否具备“专业的”能力。对于专业能力的判断，一个是看其所学专业知识，另一个是看他以往的工作经验和工作行为。

其次，需要信任专业化。有的时候，专业的人做事，往往不是人们所普遍认为的样子，他可能与其他人的判断大不一样，甚至是完全相反，这时候我们要明白，如果我们不专业，就应该信任专业人士，因为这是专业的人所做的事。

马云曾经表示，有人说他不如李彦宏（百度）和马化腾（腾讯）那么懂技术，就认为阿里巴巴的技术最差。其实，正因为自己不懂技术，所以阿里巴巴的技术才是最好。他对技术人员很尊重。当技术人员做决策的时候，他不是横加干涉，而是大胆地说“就这么干”。这其实就是马云对专业人员的信任。

最后，利用专业化。当团队管理者能够认识专业化，并信任专业化以后，就要充分利用专业化，让专业的人充分发挥其作用，不断激励专业人士提升其专业能力，不断加强团队的专业化。

让专业的人做专业的事，不能只是一句口号，需要变成行动、变成制度、变成战略，变成团队根深蒂固的文化。

其实，一个团队最可怕的是两种情况，一种是管理者是个万能王，事无巨细地参与搅和；另一种就是管理者不敢担责，只想保住“乌纱帽”，遇到问题能推就推。

这两种情况都是团队中致命的伤！于是团队中出现两种情况，

一些人始终在忙，忙无头绪；一些人一直在闲，无所事事。

用专业解决技能，用敬业解决态度，用职业解决长度，才是一个团队管理者应该钻研和统筹考虑的头等大事。

让专业的人去做专业的事，你所带领的小团队才更容易变得优秀、高效！

实战要点

在小团队内，分工明确，各负其责，严禁推诿、扯皮和越权。

不能过于自负、高估自己的能力，更不能低估他人的价值。

把事情的每个环节都交给专业的员工去做，让专业的人做专业的事，事情就会专业。

在“贤”的基础上“任人唯亲”

在小团队的用人过程中，用“亲”还是用“贤”是一个很重要，也很不好把握的问题。

有人说，团队管理中最忌讳的是任人唯亲。多少失败的团队，都是因为管理者任人唯亲而散尽人心。所以，不管是团队中能力强的还是弱的，你欣赏的还是不欣赏的，都要一视同仁。如果任人唯亲，偏袒团队中某些成员，就会失去领导的公信力和号召力，团队的凝聚力和战斗力就会大打折扣。

比如，在小团队中，把自己亲近的人放到特殊的位置上，往往会造成这样的结果：由于其特殊的身份，即使犯了错误，其他人也不好批评；他们极容易成为一个特殊的群体，开会可以不来，电话可以不接，对客户可以态度不好，这样的氛围，难免令真心想在团队里好好做事的人伤心、寒心，最终选择离开。

这确实非常有道理，也是许多团队走向失败的重要原因。但是，在实际管理过程中，情况要复杂得多。

有人认为，虽说用人要用贤，但更多时候，管理者却喜欢用“亲”。对他们来说，亲近的下属可以更好地领会自己的意图，为自己分忧解难。此外，将重要的工作交给这些人来做，远远比那些具有才能但与自己较为生疏的下属放心。而且，将重要的工作交给那些有才而不亲的人来做，管理者要冒很大的风险。

一是这样做容易造成旁系独大，不受控制，直至尾大不掉，逼宫危主，为团队分裂造成隐患，没有一个团队管理者愿意看到这种场面。

二是小团队很难留住有才能的人。有些人的才能确实不错，但往往会在翅膀硬了之后离开，另起炉灶。他们是不愿意长期屈居人下的。

如此看来，在小团队用人方面，单一的“唯亲”或者“唯贤”

都不是最好的方法。

其实，从小团队管理的实际情况出发，在“贤”的基础上“任人唯亲”是一个非常不错的选择。也就是说，这个“亲”是建立在员工人品良好、才能突出的原则上，而非只看个人好恶与关系亲疏。

作为小团队管理者，选用人才不能以与自己的关系远近为依据，也不能完全以被选者的个人能力为标准，真正的标准是团队的需要，是能够为团队创造价值。与自己关系亲近但没有能力完成团队交给的任务是不合格的，而那些有能力的人也可能是不合格的，因为他们的能力如果不能奉献出来为团队所用，这些能力就没有任何价值。尤其值得注意的是，不能驾驭的能力是没有价值的，失控的能力甚至会葬送一个团队。因此，考察一个人能力的同时必须考虑这个人的可信度和忠诚度，要看这个人的能力是否能够驾驭得了。要知道，被“能人”毁掉团队的事例并不鲜见。

所以，小团队的用人准则是 :“亲”而“贤”的人肯定要选用，“亲”而不“贤”的人避用,“贤”而不“亲”的人要按照程序慎用，不“贤”也不“亲”的人绝对不用。

实战要点

绝对的“任人唯贤”和“任人唯亲”都不是正确的用人之道。根据团队的实际需要,以“贤”为基础,择“亲”而用才最为有效。

用人的目的只有一个——让团队的绩效最大化。

谁都能用得上，谁都能离开

在小团队管理中，最让人头痛的是某个非常重要的骨干成员突然出现问题，比如闹矛盾、离职等。这会给团队造成巨大的影响，甚至毁掉团队。

其实，在日常工作中，我们也能够听到一些人夸耀自己对团队的重要性——“我们项目组根本离不开我！”“我是我们研发部的顶梁柱，上个月请了一周假，经理打了两次电话催我上班。”“今年销售部的业绩总任务我完成了 60%，而其他 5 个人加起来才完成了 40%，如果没有我，他们都完蛋。”这些话的意思非常明显，没有他，这个团队就无法正常运转，团队离不开他。

现实情况也确实如此，有些人对团队至关重要，重要到离开他团队就完蛋的地步。但是，对于一个团队的管理者来说，如果出现这种情况就是失职，至少说明我们不是一个优秀的管理者。我们管理的软肋太明显，也可以说是漏洞太明显——受制于人，而这个人还是自己的下属。如果这个人出现问题，对团队来说，将是致命的。我们将整个团队的命运寄托在一个下属身上，未来的风险太大。而且在进行团队管理时会面临非常尴尬的局面——这位下属犯错，该如何处理？

优秀的管理者所带出来的团队，应该具有这样的特点：谁都能用得上，谁都能离开。任何人的离开，都不会给团队造成太大的影响，也就是说，这个团队离了谁都能够正常运转。而且，这里也包括我们这个管理者。

王华在华为公司带了一个小的研发团队。他的上司杜经理曾经多次对他说："好好干，你一定能够成为一个优秀的管理者。"王华问道："杜经理，谢谢您的鼓励。我想向您请教一下，怎样才算是一个优秀的管理者？"杜经理说："一个好的团队，离开谁都能运转良好。你理解我的意思吧？"王华若有所思地点了点头。

按照王华当时的理解，杜经理的意思是，一个好的团队要运转自如，任何一个团队成员离开，都不会影响团队的工作和发展。于是，王华努力地带团队，把每个人的工作都安排得十分细致，并仔细督导每个人的工作。每天他都要询问下属的工作进展情况，帮助他们解决问题。尽管这样很累，但是，在一段时间后，他的团队展现出一种踏实肯干的职业精神，每个人都发挥出了自己的最大潜能。

年终总结会上，杜经理表扬了王华的团队，王华非常高兴。会后在办公楼的楼道里，王华碰见了杜经理，两个人聊了几句。没想到，杜经理这样说："你的进步确实非常大，带领的团队很好，我非常满意。但是我总觉得差了点儿什么。我在想，如果有一天，我把你升到其他工作岗位上，你的团队会怎样呢？"

杜经理的问题让王华陷入了沉思：是啊，按照现在的情况，如果我离开，我的团队一定会是一盘散沙。王华终于明白杜经理以前所说的话——一个好的团队离开谁都能运转良好，这里面的“谁”也包括团队的管理者。能把团队带到这种程度，才是一个真正优秀的管理者。

能让任何一个员工离开都不会给团队造成影响，这样的管理确实有水平；但如果管理者自己离开也不能让团队受到太大影响，并良好地运转，这才是高水平管理。这样的团队管理者，任何一个上司都会喜欢。

那么，如何才能做到让“团队离开谁都能正常运转”呢？

赋能是一个很好的方法。对于团队而言，赋能就是给员工赋予某种能力和能量，让员工自动自发地努力工作。遇到问题，员工会自己想办法解决，或找同事合作，或自我反省，或加班赶工，而不是把问题推给团队管理者。

重结果，轻监督

整天督促着员工工作并不是一个好方法，只有员工发自内心愿意努力工作，才会有好结果。所以，给员工创造宽松的工作环境，制订明确的目标任务，然后重点关注两点就行了，一个是完成的结果，一个是是否按时完成。

培养员工解决问题的能力，而不是替员工解决问题

工作中谁都会遇到问题，关键是如何解决。作为团队管理者，要引导员工自己尝试解决工作中遇到的难题，自己努力寻找答案和方法。如果实在解决不了，就让他寻找其他同事，双方合作解决。

还是无法解决，就员工一起开会讨论。总之，管理者不能大包大揽。这样，团队员工解决问题的能力就会逐渐提高，减少了对管理者的依赖，成长为一个独立、高效、自发的工作单元。这些单元组合起来，就是一个非常优秀的团队。而其中任何一个单元离开，都不会对其他人造成太大的影响。

不苛求，允许犯错

害怕犯错会制约员工的成长，而管理上的苛求会放大这种害怕，让员工甘于平庸，安于现状，不思进取。所以，要给团队员工预留出一定的犯错空间，减轻他们试错的压力，让他们大胆地发挥自己的创造能动性，积极努力地工作。

当然，对于那些屡教不改的员工，决不能姑息，要坚决清除。

总之，通过赋能，打造出“谁都能用上，谁都能离开”的优秀团队，你也就成长为一个真正优秀的团队管理者。

实战要点

小团队管理的重点在于，通过赋能，让每一个人的潜能都得到最大程度的开发，从而形成一个非常活跃高效的组织。

小团队管理实战训练：如何快速了解员工的“工作能力”

一个优秀的小团队管理者，能够快速地对员工的工作能力做出准确的判断，从而进行科学合理的工作任务安排。

小团队的成员比较少，每个人都很重要，容错率很低，所以在用人的时候一定要慎之又慎。一旦安排得不合理，将会拖延整个团队的工作效率，影响工作质量。

那么，如何快速对一个员工的工作能力做出基本的判断呢？

我们都知道，要想练出肌肉，就必须经过肌体酸痛，进行艰苦训练。同样的道理，在工作中，一个人只有承受适当的压力，才能真正地显示出其工作能力的高低。

要想了解员工的实际工作能力，最有效的方法是交给他们不同类型的短时间内就可以完成的工作。从一小时到一天之内的零碎工作中，可以对员工的工作能力有基本的判断。比如：

在一下午的时间内完成这个文案；

在两小时内把这份资料整理出来；

一天之内完成这个客户的基本资料调查。

如果员工能够做出令人满意的成绩，那么说明他的基本工作能力很强；如果无法完成，那么说明他的工作能力还有待提高。

第三章

凝聚人心：把小团队建成一个命运共同体

整个团队利益一致，同舟共济，才能把人心凝聚起来。在这个过程中，培养合作的态度非常重要。在小团队中，员工和管理者几乎整天在一起，近距离相处，如果管理者觉得自己是上级，高人一等，就会给员工造成巨大的心理伤害，人心很容易散掉；而如果重视员工培养，平等相处，精诚合作，有难同当，有福共享，就会形成强大的凝聚力。

小团队更容易建立命运共同体

电影《天下无贼》中的黎叔（葛优扮演）有一句经典的台词："人心散了，队伍不好带了。"确实，要带好小团队，首先要凝聚人心。

在实际的团队管理中，方法比较多，但效果往往不是很理想。

用行政命令压人？无疑是一次比一次没有力量；

用管理制度约束人？员工只会口服心不服，阳奉阴违；

用奖金津贴刺激人？员工的胃口也会一次比一次大。

其实，说起来，这些都是皮毛。真正把团队人心凝聚起来的有效方法是建立命运共同体。在这样的团队中，员工就是股东，员工是在为自己干，而不是为团队干。员工与团队的利益高度一致，命运休戚相关，死了一起死，生了一起生。

华为公司为什么发展迅速，短短 30 年就成长为世界级的顶尖公司？"全员持股"是其内在的强大驱动力。同时，再结合共同的使命感和价值观，以及多次面临生死存亡的考验，使得华为公司重要创始人之一任正非在华为建立了命运共同体，把全公司的人心高度凝聚在了一起，大家共同奋斗、共同努力。

相比华为这种大集团，小团队更容易建立命运共同体。其优势就在于简单，不复杂，易于沟通，团队总共没有几个人，大家开诚布公，更容易达成共识，形成合力。

如果能够真正地建立起命运共同体，即使团队很小，也会爆发出无比强大的战斗力和事半功倍的效率。

一般来说，团队有三种共同体，通过它们之间的比较，我们会明白命运共同体的强悍之处。

职业共同体

这是普遍存在的一种共同体，绝大多数人都是加入这样的共同体。在这个共同体状态下，员工主要是为了获得薪酬，工作的目的是养家糊口。这是一种经济交换的关系——员工付出劳动，老板付出工资。当遇到某种严重的问题或者危险时，职业共同体很容易就解散了。对于员工来说，到哪里都可以赚钱，没有必要“在一棵树上吊死”。

事业共同体

事业共同体，就是为了某种理想而组建的团队。大家聚在一起共同努力，就是想做成一件事，而不是为了赚钱。比如，现在有些年轻人组建的创业团队，他们的家境很不错，也不缺钱，主要就是想体现自己的价值，或者就是想让自己的创意、想法真正变成现实。还有一些成功的企业，他们刚开始的时候也是一种事业共同体的状态。

命运共同体

这是一种凝聚力最强的共同体。比如军队中的小团队，一个排，一个班，一个小分队，都是一个个命运共同体，一场仗打下来，是死是活，都在一起。

命运共同体的内核有两个：一是利益高度一致，大家的利益捆绑在一起，一损俱损，一荣俱荣。很多企业都让骨干持股和员工持股，希望通过这样的方式来激发骨干和员工的组织承诺。这样就把大家的利益捆在了一起。二是目标理想一致，有共同的使命感和价值观。大家在精神层面有着共同的追求，在认知程度上相一致，都在维护自己认可的东西，并为之而努力工作。

当物质和精神两方面有效地结合在一起，就会形成非常强大的驱动力，形成命运共同体。这种共同体的凝聚力非常强大，即使面对各种困难和危险，也都能挺过去，不会轻易解散。比如我们上面所说的华为公司，还有大家都知道的阿里巴巴公司，都是把团队构建成命运共同体的典型代表。

小团队建立命运共同体，可以参考和借鉴这些优秀团队的经验，从物质和精神层面下手。当然，小团队的资源相对来说较少，可以更多地从精神层面去激励员工，同时在力所能及的范围内最大限度地给予员工物质方面的收获。

实战要点

既要满足员工的物质需求，还要满足员工的精神需要，当两者都做好了，就必然会建立一个非常优秀的团队。

培养员工，而不是仅仅利用员工

好多团队的领导者认为，员工就是实现业绩目标的工具，所以，他们只关心如何利用“工具”创造出最大效益，而不关心“工具”的学习和成长。

在他们看来，培养员工，让员工学习和成长很不划算。一是这需要不小的成本，既要投入资金费用，又要耽误工作时间。二是害怕员工成长起来跳槽离开，赔了夫人又折兵。

这样的人永远只能做一个小团队管理者，甚至连小团队都管理不好，员工迟早会离开。因为他们的目光太短浅，心胸太狭隘。

如果你把员工当工具，员工就会把你当玩具！

要想成为一个优秀的团队管理者，必须要重视员工的培养，让员工不断成长。

只有员工成长了，团队才能跟着成长。

“成长”是员工在团队中的幸福感受来源之一，也是影响团队凝聚力的重要因素。管理者要想方设法培养员工，让他们看得见、体会得到成长的幸福,在“可视化”成长的幸福感中更加努力成长、投入工作。

成长的幸福感包括：希望感、成长感、鼓励感和满足感。而管理者影响员工这些幸福感受的主要因素有：管理者重视员工的成长需求，并且能够鼓励员工发展；能主动提供学习成长的机会，并使员工因此感到满意；员工因团队提供的培训内容和学习方式而获得明显的能力提升；员工对自己在团队中的发展前景和成长通道拥有希望感。

成长、发展是每个人的内在需要。员工的努力和成长如果得到及时的鼓励和满足，势必会进一步提升个人能力及对团队的认同度，同时为团队做出更大的贡献。如果无法让员工感受到成长的幸福，他们就会消极怠工，混日子，甚至是离开团队。

在这一点上，如果做得好，就会形成良性循环，团队就会越来越优秀；如果做得不好，就会形成恶性循环，团队越来越糟糕，甚至是垮掉。

至于怎样培养员工，让员工成长有一个大的原则——“造钟法则”。

“造钟法则”是惠普公司培养人才的方法。

当一个员工问团队领导者问题时，员工本身就有着一个成长的机会。

当有人问几点钟的时候，回答者通常有两种选择。第一种：看看钟表，直接告诉具体时间，这样的回答，询问者能够迅速获得答案，知道时间；第二种：告诉询问者去买一个钟，将来随时都可以自己掌握时间。这个形象的比喻在惠普公司叫作“造钟法则”。

“造钟法则”的道理与“授人以鱼，不如授人以渔”相同。也就是说，对于员工的培养，不能直接告诉问题的答案，而是要让员工学会解决问题的方法。这样员工才能真正成长。

在这个大原则之下，还需要有具体的措施：

建立成长通道

如果员工感觉到自己永远只能在这个小团队中待着，没有上升的可能，那他必定心灰意冷。所以，管理者要为团队员工提供适合的上升通道，使其对自己的职业前途有清晰明确的计划。

上升通道的建立要在公平公正的前提下，保证能者上、庸者下。

实行积分管理

积分管理，是指把积分制度用于对团队员工的管理上，以积分来衡量员工的自我价值，对员工进行全方位量化考核，通过奖分和扣分反映员工的综合表现。而且，每个团队成员的积分是公开透明的，因什么得到了奖分，因什么被扣分，现在积分是多少都有详细的记录，并通过软件能够查看。

积分化管理将员工的绩效考核、日常表现和个人成长进行量化，能够激发员工的工作积极性，明晰员工的职业发展通道，提升员工的成长感。

另外，积分能够反映一个员工的成长状态，为团队管理提供了依据，帮助管理者更好地带领团队。

总之，不管采用什么方法，只要真心地去培养员工，为员工的成长着想，就会收获员工的忠诚，使小团队的凝聚力大幅提升。

实战要点

“再好的公司只能给你位置，不能给你未来。”当团队成员说这话的时候，管理者就要反省，是否忽略了员工的培养。

如果你把员工当工具，员工就会把你当玩具！

在小团队中，最好采用合作的态度

人常说：“阎王好见，小鬼难缠。”其意思是说，往往大人物好说话，一些无名小卒反倒喜欢故意刁难；换一句话就是，装大耍横的大多是低级者。其实，在团队管理中也有这种现象，小团队的管理者往往在下属面前显得高高在上，而大团队管理者在下属面前和蔼可亲。

特别是一些刚走上管理岗位的小领导，得意过头，感觉自己终于出头了，应该表现一下，于是对下属很强势，“顺我者昌，逆我者亡”。

要知道，虽然用强势的方式让员工屈服，但那只是表面现象，其内心不知道有多讨厌你。只要有机会，他就会给你暗中制造麻烦，阳奉阴违。如此上下级关系，怎能把团队带好？

在小团队中，合作的态度才是正道。以合作的态度对待员工，员工感受到了尊重，才会心服口服地配合你的工作。

那么，如何以合作的态度对待员工呢？

回应要及时

及时回应既是尊重的表现，也是解决问题的态度。

如果员工提出建议或意见，或者有良好或不好的言谈行为时，给予及时的回应，不管是表扬还是批评，奖励还是惩罚，同意还是不同意，或者有新的指示，都要及时做出明确的答复。拖延回应，甚至不理睬是一种冷对待，会让员工心生怨恨。

最好实行限时回应制度。决不可因此而打击下属的积极性，或者使回应失去价值。

多采用非正式的沟通方式

非正式的沟通方式比较随意，很适合小团队沟通。大家相处的时间较多，很容易产生这种沟通的机会。

比如，可以请员工去喝咖啡、喝茶，共进午餐，或者一起去出差，等等。在这种没有压力的环境下交流，才更容易听到真话。

少批评，多鼓励

在小团队管理中，批评并不是一个好方法，除非万不得已，否则不要使用。因为负面的行为，往往会产生负面的影响。很多时候，批评的结果是“按下葫芦浮起瓢”，员工在你批评的事情上改正了，但会出现其他问题，因为他心中不爽，你的批评伤到了他，也许你的批评很有道理，他在这件事上无话可说，但他可以在另外一件事上发泄自己的不满。

所以，要尽可能地多用鼓励。鼓励是正能量，能让员工振奋，产生激情。也许员工做得不好，但在鼓励的作用下，他会不断进步。鼓励可以使员工对你产生信任，甚至是感激，从而下决心好好工作。

多听少说，不含糊

在员工汇报工作或找你谈话时，你要表现出自己的关注，仔细聆听，不要随便打断他的谈话，也不要有长篇大论的说教。你要强迫自己少说，要说到关键点上。当然，该表明态度时一定要表明，决不能含糊。

发挥优势，容忍缺点

发挥员工的优势，容忍他们的缺点，其实也是一种变相的激励。对于员工来说，有这样的团队好领导，有什么理由不好好工作呢？

让员工明确你的期望

你的期望是员工指导和评价自己工作的一个标准。只有员工明确了你对他们的期望，他们才知道自己该干什么，怎么去干。否则他们会感到无所适从。所以，请把你的期望清清楚楚地告诉员工。

执行不打折扣

以合作的态度对待员工并不等于迁就员工。作为小团队的管理者，必须要保证指令的威严性，做到令行禁止，执行有结果，决不能有头无尾或不了了之。否则，就会出现“狼来了”的情况。

实战要点

处理好与团队成员的关系，是保证小团队凝聚力的前提。

合作，但不迁就；领导，但不强势压制，这样才能带好小团队。

有责要担当，有利要分享

在小团队管理中出现各种问题是正常现象。当问题出现的时候，就是考验管理者的时刻。这时，作为团队领导是一个什么样的态度非常重要。有的领导会自责，把责任揽在自己身上，而有的领导则会骂人,寻找借口,然后把责任推给下属。这一“揽”一“推”,就充分暴露出领导的能力和水平。

韩国的《中央日报》曾经做过一次调查,涉及1200名职场人。其中有一个问题是“你最厌恶的上司类型”,结果“推卸自己责任的上司”排在了第四位。

对于小团队成员来说,他们既需要一个为大家指引方向、拍板决策的人,也需要一个能够在关键时刻承担责任的人。这样的人才值得他们信赖,值得他们尊敬和追随。

经常推卸责任的团队领导者往往还喜欢独享功劳和利益。其实,“推责”就已经为“揽功”埋下了伏笔。这样的领导者很自私,看见功劳和利益就想据为己有,不愿意与团队成员分享。如果分享了,他们就会觉得很吃亏。在他们的心里,认为自己是领导者,对团队的贡献最大,而其他人是下属,贡献小,所以自己就应该享受最大的功劳和最多的利益。

有一家化妆品厂的销售部经理,与团队成员努力拼搏了一年,超额完成了全年销售任务。上级领导非常高兴,就在正常提成的基础上多奖了销售部一笔钱。拿到这笔奖金之后,这位经理只是请大家吃了一顿饭,剩余的钱全部装到自己的兜里去了。在他看来,今年销售员的提成已经很多了,而自己是经理,付出的努力最大,应该多拿这笔钱,请大家吃一顿饭已经很够意思了。

然而,下面的销售员却不这么想。他们认为经理太自私,这笔钱是奖给销售部的,应该人人有份儿。在随后的工作中,大家的积极性没有以前高了,而且对经理安排的任务也不是很配合。结果第二年第一季度的销售任务只完成了一半。这位经理尝到了“吃独食”的苦果。

在职场上没有傻子，大家都很精明。所以，作为团队领导，要学会分享，以此来凝聚人心，获得成员的信任和服从。

真正优秀的团队领导者，必定是一位既能承担责任，又能分享功劳和利益的人。在他们的管理过程中，往往贯彻着这样三条准则：

结果很糟糕，是因为我做错了；

结果还不错，是因为我们做得好；

结果非常棒，是因为你们做得好。

用这样的智慧去管理小团队，成功的概率将会非常大。

实战要点

团队成员之间是相互的，你对我负责，我就愿意为你负责；你对我好，我就对你好；你舍得分享，我也就舍得分享。这是人之常情，也是带领小团队必须明白的道理。

善于讲故事，给员工“画饼”

通常情况下，小团队实力弱，或者处于底层，或者刚起步，成员之间的凝聚力不是很强，容易出现问题。这时，就需要领导者激励成员，调动其积极性，增强其信心。那么，具体怎么做呢？

讲故事，“画饼”是一种非常不错的方法。

马云给他的创业小团队是这样“画饼”的：“我们要建成世界上最大的电子商务公司。要进入全球网站排名前十位！”

任正非给他的创业小团队是这样“画饼”的：“你们知道自己将来面临的最大问题是什么吗？”“就是钱多得没地方搁，都发霉了！所以你们买房子一定要选择阳台大的，用来‘晒钱’！”

还有众多的小团队领导者这样“画饼”：

“现在是最艰难的时刻,只要能够坚持下去的将来都是元老！”

“再熬三个月就可以了，到时候你们就可以大干一场了！”

“我们上半年的目标是实现盈利，好好干，到时候每个人都有奖励。”

正是因为有这样一张张“大饼”悬挂在团队成员的面前，所以他们才会努力工作，面对困难不退缩。

作为小团队的领导者，必须具备讲故事“画饼”的能力，否则团队容易垮掉。

“望梅止渴”的故事大家都知道。有一次，曹操带兵去打仗。当时正是炎热的夏天，但军队断水了，附近也没有水源，士兵十分口渴，行军速度越来越慢。曹操心中着急，怕耽误战机，于是就问向导离最近的水源还有多远。向导说还要向前走很远才能到。曹操觉得这样下去不行，必须想办法解决问题。他抬头看着前面隐隐约约的树林突然灵机一动，就对着士兵大喊前面有一片梅林，可以解渴。士兵一想到又酸又甜的梅子，嘴里不觉流出了口水，于是快速向前行进。

曹操是一位非常优秀的领导者，他正是通过“画饼”的方式激励了士兵。

通常而言，讲故事“画饼”的方式有以下几种：

物质“饼”

对于绝大部分人来说，工作就是为了赚钱。所以，工资、奖金、奖品等都是人们非常重视的东西。在小团队管理的过程中，领导者就要善于画好这些物质“饼”，调动成员的积极性。比如：“好好干，这个项目如果能够按期完成，每人奖励1000元。”“大家辛苦一下，再坚持两天，这个月底我请大伙儿吃大餐。”“如果这个季度销售任务完成了，我们部门集体去泰国旅游！”“年底给你们申请加薪。”

精神“饼”

精神的力量不可小觑。人的内在动力就是来自精神方面。对于团队成员，赞美、表扬、鼓励、肯定、信任、支持、期待等行为，都能让其产生强大的工作激情，让其自动自发地干好工作。所以，不要吝啬，要多在精神方面给团队成员画“饼”。比如：“你干得很棒，比我刚开始的时候强多了。”“你是我的左膀右臂！”“我相信你们，这个项目一定能够成功！”

晋升“饼”

在职场，绝大多数人都想得到晋升，以获取更高的薪酬，实现自身的价值。作为小团队的领导者，就要抓住成员的这种心理，采取恰当的方式，调动其工作积极性，增强团队的凝聚力。比如：“我准备把你培养成我的副手。”“谁能把这个项目拿下，谁就能获得咱们部门年底培训的唯一指标。能参加总公司的专门培训班，这意味着什么，我想大家都应该知道。”“好好干，两年内你就能成为公司的骨干。”

需要注意的是，在给员工“画饼”的时候，要因人而异，不能一刀切；要有能够“吃”到的可能，不能太过缥缈玄乎；要言而有信，不能经常大喊“狼来了”。否则，讲的故事就会没人听，画的“饼”就会发霉，最终起到相反的效果。

实战要点

“画饼”就是描绘美好的蓝图，每个人都想干有希望的事情，所以“画饼”就是最好的激励方式。

对于小团队，需要“画饼”，但是不能轻易去“画饼”。画什么样的“饼”，什么时候该“画饼”，都需要深思熟虑之后再进行。随意“画饼”原本是想忽悠别人，其实忽悠的是自己。

小团队管理实战训练：做一个项目时你的利益受损，你该怎么办

在团队利益与个人利益之间，该做怎样的选择？是否会为了团队的利益而放弃个人的利益？这是每个小团队领导者在实际工作中都会遇到的问题。如果解决不好这个问题，就很难成为一优秀的团队领导者。

在团队管理中，凡是威信最高、大家都信服的领导者，都具有很强的大局意识，正直公平，能够顾全大局，能够为了团队而牺牲自己的小利益。

牺牲自己的利益，对于任何人来说都是痛苦的。没有人愿意无缘无故地让自己的利益受损。甚至有许多人，会为了自己的利益而争得头破血流，更有个别人会损公肥私。但要想带领好一个团队，就必须在有些时候能够舍弃个人的利益，保护团队的利益。这是作为一个领导者有时必须付出的代价。

首先要有自我牺牲精神。

作为团队领导者一定要明白，你与团队的利益是联系最紧密的，一荣俱荣，一损俱损。如果你都做不到为了团队的利益而牺牲自己的利益，那么，就不要对其他普通成员抱任何希望了。而缺乏自我牺牲精神的团队，往往是一盘散沙，很难成气候。

大雁群在迁徙飞行的时候往往会组成“>”字形，这样比单个飞行的速度要提升22%。大雁迁徙的路途非常远，有千里之遥。如果是单个大雁，很难完成迁徙，只有组队飞行才能完成。

在这队形中，头雁的位置非常重要，要承受很大的压力。它不仅要顶风而行，认准方向，还要让所有的雁紧密配合“跟我飞”“向我看齐”不掉队，同时还要保持恰当的飞行速度，快或慢都不行，最后，还要不时地用热情叫声传递信心，相互鼓励，彼此照应。

如果头雁没有自我牺牲的精神，是很难担任好这个角色的，大雁群也就不可能完成迁徙。带领小团队也是同样的道理。

还要明白有舍才有得的道理。

在团队管理中要懂得“舍得”。懂得舍才会得，不懂得舍就不会得。舍越多得越多，舍越少得越少。一个斤斤计较的人是很难带好团队的。

“付出”是管理的主旋律,“收获”是“付出”的结果。没有“付出”就没有“收获”，也就是说，先有“舍”后有“得”，千万不要把二者之间的顺序搞反了。

其实，许多人没有管理好小团队，就是没有搞清楚“舍得”的问题，只考虑自己的利益，自己能够得到什么，却不知道这是走向失败最具讽刺意味的“捷径”。

第四章

小团队管理更多的是靠“人情”，而非死制度

“人情”不是私情，而是人情味儿。团队中就那么几个人，如果完全地上纲上线，铁律苛刑，很容易产生很深的矛盾。这时，管理就要靠“人情”，靠个人魅力。当然，不能完全抛弃制度，而是要以“人情”为主，制度为辅，刚柔相济。

小团队以人治为主，法治为辅

小团队的治理简单了许多，不需要那么多的条条框框。通常大团队的各种制度非常齐全，要求也非常严格，因为人太多，如果没有严格的制度，就会出现混乱。而小团队则没有必要这样。小团队主要是人治为主，法治为辅。

人治主要是依赖于管理者的人格魅力、经验与能力来管理团队，而不是依赖各种制度。

法治主要是依赖各种制度来管理团队，而不是依赖于管理者个人的魅力和能力。

小团队的治理为什么要采取这种方式呢？

一是为了留住人才

人常说：小庙留不住大神。有能力的员工往往要求高，追求高。他们寻找的是能获得高额薪酬、展示自己才能的大平台，而不愿意留在小团队中。小团队要想留住这种人非常难。这时，就要靠团队领导者的个人魅力和能力了。冷冰冰的制度，只会让这种人更快地离开团队。

马云在创业初期，为什么能够招揽到蔡崇信？要知道，当时的阿里巴巴就是一个小团队，要实力没实力，要名气没名气，一个月只给员工发500元的工资。而蔡崇信可是国际大公司的高级管理人员，年薪70万美元。

对于此事，蔡崇信表示，自己加入阿里巴巴主要是被马云的个人魅力和其团队的氛围所感染和震撼。

很多时候，人情味儿更能留住人心，凝聚人心。特别是啥也没有的小团队，就更需要人治了。

二是为了成本

各种制度的建立和执行需要大量的人力和财力。这是一笔不小的开支，对小团队来说就是很重的负担。

小团队的人很少，一个萝卜一个坑儿，每个人都很忙，甚至是一个人干几个职位的工作，或者一项任务几个人合起来干。这样一来，职责的划分、时间的把握就不能严格地用制度来考核。而且就几个人，划不来专门有人来执行制度。

所以，团队小的时候以人治为主，法治为辅，但等团队发展壮大以后，就要反过来，以法治为主，人治为辅了。

实战要点

在小团队中，人情味儿更加重要，所以，尽量不要上纲上线，采取强硬铁血的管理手段和方式。

让员工感受到“家”的温暖

家庭对于一个人的重要意义不言而喻。家是心灵的港湾，是感情的寄托，是栖息的伊甸园。对于家，人们有很强的归属感和安全感，会誓死保护，并为之而努力奋斗。如果能够在小团队中营造出“家”的氛围，那么成员的责任感会极大提升，凝聚力会大大加强，战斗力会很快爆表。

下面是一位员工的心理感受：

“平日里我们团队中不管谁遇到了困难，大家都会倾力相助。由于我年龄最小又是刚参加工作，团队的其他成员都对我倍加关照。时间飞逝，转眼间我来这里已经半个月了。记得当初我刚来的那段时间，也有过心情郁闷的时候，不想再待下去了，但是，在同事的关心和安慰下，我很快改变了自己的心态并融入了团队。现在我所拥有的是一颗幸福快乐的心，工作时我觉得有使不完的劲儿，因为我在这里感受到了家的温馨。”

确实，能把小团队塑造成小“家”，让大家紧密团结起来，在幸福快乐中努力工作，绝对是个优秀的团队领导者。

有一个创业型的小团队，领导很年轻，也很爱玩，他的团队活力四射，效率极高。他与其他领导者不一样，很注意为员工营造“家”的氛围。他在办公场地购置了零食柜，并且买了很多的零食。每天下午3点，他就安排15分钟时间，让员工喝下午茶，吃小零食。有时他还会在中午组织员工玩游戏，比如“王者荣耀”等。周末的时候，他会抽时间请员工一起吃饭。虽然员工的工资并不高，但他们都愿意跟着他干。员工认为这样的领导有人情味儿，懂得他们的想法，体贴他们的辛苦。

有些团队的人才流失率特别高，招入的新人没多久就会离开。这里面的原因可能比较多，但其中一条就是团队氛围很差，员工感觉不到一点儿温暖。当一个团队死气沉沉，员工之间缺少交流，上班时只能听见键盘和鼠标的声音，每个人都埋头关注自己的工作，下班后每个人谁也不理谁，匆匆离开时，那这个团队的管理就一定出了问题。

压抑的气氛会消磨人的激情和意志，让人产生懈怠和厌烦。团队成员之间缺少沟通交流，工作之间配合不紧密，就算把个人的工作完成得再好，那在对接时也会相当的困难。这会严重降低工作的效率。

所以，不要忽视小团队的工作氛围，不要把员工置于死气沉沉的环境中，而要让他们在“家”的氛围中轻松快乐地工作、激情四射地工作。

实战要点

想要员工死心塌地留在团队，一定要让他们找到归属感。如果你对他们非常关心的话，他们会感到家的温暖，一个有人情味儿的团队他们是不舍得离开的。

举办聚会，让员工互相谈对方的优点

在小团队的管理中，聚会就像润滑油，往往会使成员之间的关系更融洽、更团结，也更能提升团队的战斗力。

杜先生带领着一个小团队。公司给他的团队新安排了一位女同事。这位女同事的性格很内向，很少与其他同事交流，已经上了几天班，和其他人没有说过几句话，只是闷头干自己的事情。杜先生想，怎样才能帮她快速融入这个团队呢？后来，杜先生决定组织一次团队聚会。有一天快下班的时候，杜先生宣布了提议，自己掏钱请大家聚餐。可没想到的是，当他提出聚餐的建议后，大家都非常高兴，积极响应，而那位女同事却要请假，说自己感到不舒服，不能参加。本来是专门为她组织的一次聚会，希望能够帮助她尽快融入这个团队，但现在她这个主角却不来了，杜先生非常郁闷。只是话已经说出去了，即使她不参加聚会也要照常举行。

后来，那位女同事似乎发现了自己的问题，觉得自己与别人配合不好，工作起来比较困难，就主动找杜先生。杜先生就耐心地与她交流，并讲了许多经验，最后，也顺带提及了上次聚餐的本意。那位女同事似乎如梦初醒，不停地向杜先生道歉，显得非常后悔，并且说要请大家聚餐。

杜先生说自己是团队领导，应该请大家，并希望那位女同事能够在聚会上敞开心扉，与同事好好沟通交流，增进了解，促进关系。那位女同事说了许多感谢的话之后才离开了。

过了一段时间，杜先生再次找机会组织了聚餐，大家很尽兴，那位女同事也抓住了机会，与大家打成了一片。

通常情况下，聚会时人的心情很放松，说话交流的欲望会大增。特别是再喝一些酒，气氛就更好了，大家都愿意敞开心扉，说一些交心的话，能够很快拉近彼此的距离，促进关系的发展。

有研究发现，人在吃饭的时候心情比较愉悦。因为吃饭会刺激产生多巴胺，而多巴胺是由大脑分泌的神经传导物质，可以让人感觉良好。所以，在小团队的管理中，要尽可能地利用聚会，营造人情味儿，增强工作的内在动力。

当然，聚会的形式可以多样化，以增加沟通交流的效果。比如下面这个方法——互谈优点。

在下班之后的空余时间，或者周末，组织团队成员聚会。先聚餐，然后选一个宁静、不容易被外界打扰的场所。大家可以先闲聊一会儿，随后所有人按照顺序，依次对团队其他成员进行评价，评价的内容只能是优点，不能是缺点。每个人都要评价其他同事，同时也要被其他同事评价，谁也不能例外。

这个活动的效果非常明显，团队里的每个人都受到了其他同事的赞美，自信心大幅提升。团队成员之间的了解和信任加深了，关系更加融洽，工作时的配合更加协调，效率更高。

这个方法非常适合小团队，如果是人数太多的大团队，则会比较麻烦，需要分组进行，而且整体效果没有单一的小团队好。

实战要点

要时刻牢记聚会的真正目的，进行恰到好处的引导，不能因为玩儿得太高兴而让聚会变成纯粹的消遣。

关键时刻，能为下属“遮风挡雨”

要带好小团队，就必须给成员真正的安全感，能够在关键时刻挺身而出，为成员“遮风挡雨”。这样，大家才会信赖你、追随你，愿意和你一起努力。

小团队很容易受到上层或外部的麻烦和干扰，比如无理的指责，额外的工作，甚至是打击报复等。这个时候，其成员最大的希望就是上司能够站出来为自己说句话。

在员工的眼中，那种“能够罩得住下属”的上司最值得追随。跟着这种领导不受气，心里舒服，有前途。这种领导懂得为下属说话、办事，在关键时刻能够保护下属，并为他们争取应得的利益。

原惠普公司 CEO 卡莉·菲奥莉娜说过这样一句话：“领导者之所以比下属薪酬高，并不是因为他们更出色，而是因为他们肩负着更大的责任。其中一项责任就是当员工面对没有必要面对的麻烦时，领导者要挺身而出。”

确实，正是因为在团队中能够为成员挺身而出，所以才配拥有高额的薪酬和对成员的领导权。

有一次，卡莉·菲奥莉娜的两位下属在工作中无端地受到了来自一位上层领导的责难，心里很苦恼。菲奥莉娜知道后并没有因为对方的级别比自己高而保持了容忍的态度，她勇敢地站出来，要求对方向自己的下属道歉。最终，在菲奥莉娜的坚持下，对方亲自打电话进行了道歉。

菲奥莉娜面对来自上面的挑战没有退缩，而是勇敢地迎上去为自己的下属赢得了尊严，也为自己赢得了权威。

作为团队领导者，当自己的下属有了委屈，受了伤害，如果不站出来为他说句话，那么还有谁会站出来替他说话呢？就像一个孩子在外受到欺负了会向自己的父母寻求保护一样，一个在职场中遭遇麻烦的人也自然地会希望自己的上司能够站出来保护自己。

杜刚是一个家装公司的设计部经理。有一次，他手下的一个设计师由于家庭的原因拒绝了老总的一项工作安排，老总非常生气，于是在以后的工作中经常给这位设计师穿小鞋。这位设计师干不下去了，最后辞职了。杜刚知道老总这是在打击报复，也知道自己的下属心里十分委屈，但杜刚因为惧怕老总（这位老总很强势）而没有对老总为难自己下属的情况提出任何的异议。

这件事过去以后，杜刚对自己的表现感到羞愧和后悔，他觉得自己无论如何应该勇敢地站出来为自己的下属做出一番抗争或努力，也许这样做无济于事，但至少应该表现出自己的态度和努力，让下属知道，上司的心里是有他的。在杜刚看来，看到自己的下属有了麻烦，自己不能够勇敢地站出来，不仅是对下属，更是对自己的一种羞辱。

作为一名称职的、优秀的团队领导者，需要培养的一个重要的性格特征就是勇气和韧性，当看到下属“淋在雨中”，就要果断地站出来，伸出手，为下属“撑把伞”。当然，有时让下属“淋”一下，见识一下“无情的风雨”也是必要的，这一切都要有利于团队和个人的发展。

实战要点

在小团队中，领导者就是一把伞，在需要的时候，能够站出来为成员遮风挡雨。也正因为如此，成员才会聚集在领导的身旁，服从他，支持他。

一个能够罩得住自己下属的领导，才能够最终获得下属的信任和爱戴。

“帮人”比“炒人”更有利于团队

在小团队管理中，总会碰见工作任务没有完成或者犯错的员工，这时该如何对待他们是对领导者的考验。

有些团队领导者对待员工非常苛刻，动不动就“炒人”。在他们看来，只有严格要求，才能管理好团队。这种想法是好的，但管理的效果并不理想。其原因在于三方面：

一是轻易开除员工，让更多的员工心里不安，觉得团队缺乏人情味儿，太冷酷，不值得长期待在这里，这很不利于团队的稳定。

二是增加了人力成本。从招聘到培训，再到适应磨合，都需要一定的投入，如果轻易地开除了员工，那么这些前期投入就都打了水漂。

三是影响了团队效率。很多时候重新换一个人未必会干得更好。虽然这位员工没有完成任务，或者犯了错误，但这对他来说也是一个教训，同时也积累了经验，如果改进后让他重新做，他会更熟练，也更容易做好。而对于新换的人来说，这一切又要重新开始。

所以，轻易“炒人”不是一个好办法。如果能够采用“帮人”

的方式，则会有效得多。比如给予他们机会，帮助他们去学习、改变、提高，那么，他们会在感激中把工作做得更好。

为未完成任务者提供指导

团队领导的职责并不仅仅是管人，还要帮人。成员没有完成工作任务，不管是主观还是客观，总会有原因。比如意外情况的发生、出现消极情绪、没有抓紧时间、对困难估计不足、工作方法不对、与对接的同事发生矛盾、自身能力不够等等。这时，作为领导者，就要做出判断，并提供指导。

在指导的过程中，要着重让成员了解他们的自身和工作，正确对待因业绩而产生的焦虑和挫折。

当然，为了更有力地促进他们进行改善，保证完成工作任务，必须给予适当的处罚。但是，处罚一定要掌握好一个度，不能过犹不及。

网上有这样一则新闻：由于未完成工作任务，一家店铺的员工被要求从百米开外的地方，跪行至店铺门口。该店铺的管理者表示，跪行是对员工的培训和激励，而且员工也是自愿的。在跪行的过程中员工哭了，而店铺管理者称是员工的心灵得到升华，感动得哭了。

采用这种方式，员工产生的绝不是心灵的升华，而是无尽的怨恨和屈辱。对于这样的团队，员工只要有机会必定会离去，并且会想方设法“回踩几脚”。

为犯错者提供改正的机会

一个优秀的团队领导者，能够容忍成员犯错误，而不是将其一棍子打死。他们会鼓励成员大胆试错、大胆创新、积极探索，因为只有让成员在试错中成长，才能培养出真正的高手，培植起团队的中坚力量。

他们明白，失败的教训比成功的经验更加重要。任何经验也替代不了真正的教训。许多时候，经验传授只会成为耳旁风，很难打动人，而教训则能触动人心，产生巨大的影响。只有经过教训的洗礼，人才会发生蜕变，很快成熟起来。

其实，今天的试错，正是为了明天在打关键仗、硬仗的时候不犯错。

实战要点

犯经验不足的错误，要给他成熟的机会。

犯能力不够的错误，要给他成长的机会。

犯道德缺陷的错误，就不要给他机会了。

从细节中加强对员工的关爱

网上某论坛里面有这样一个帖子：

昨天早晨起床后我就感觉不舒服，但还是坚持去上班，我不想耽误工作。没想到上午10点多的时候我开始发烧了，全身软绵绵的没有一丝力气。到中午的时候，难受得实在忍不住了我就去找主管请假。结果主管说：“你请假，那下午的工作谁干？每个人的身体或多或少都会有些问题，如果大家都像你一样，那这个月的任务怎么完成？”

听了这话，我怒气上冲，都感到有些晕眩。我什么话也没有说，只是默默地收拾了办公桌，硬撑着写了一封简单的辞职信留在那里，然后就回家了。

我的想法非常简单，如此冷酷、没有人情味儿的公司，没有必要为它卖命。

在这份帖子的下面有许多留言。有的说这样做太草率了，有点儿可惜；但更多是对这位网友的支持，和对这位主管的指责。

在小团队管理中，确实大量存在这种对成员漠不关心的情况。领导者只关心业绩，只想让成员克服困难，完成任务。特别是在一些细节方面，让成员感到寒心。这样的团队，很难有凝聚力和竞争力。

对团队成员的关心为什么要注重细节呢？因为细节可以反映出领导者对团队成员的重视程度。

其实，一些小事和细节往往更容易感动人，温暖人心。在团队管理中，那些优秀的领导都对细节很重视，他们会从身边的点滴做起，从一些微不足道的小事做起，让成员不经意间感受到来自领导的关爱和无限体贴。

那么，对于小团队领导来说，如何在细节上温暖员工的心呢？

很快记住新成员的名字

虽然只见过一次面，但能准确地叫出其名字，这一定会让新加入团队的成员感到高兴。对于新成员来说，都想尽快融入团队，特别是希望得到领导的关注和认可。这时，领导就能通过记住名字这种细节来拉近与新成员的距离，获得新成员的好感和信任，促使其更加积极地投入工作。

为成员过生日

对于每个人而言，生日具有特别的意义。在团队成员生日那天，如果领导者及时送上祝福，甚至暗中筹办一个生日派对，给其一个惊喜，那么，一定会深深地感动他，激励他更加努力地工作。这虽是一个小事，但对团队成员来说，包含更多深层的意思。

关心成员身体健康

在日常工作中，要对员工的健康状况投入更多的关注，而且要体现在一点一滴上面。小团队的人不多，领导者很容易能够做到这一点。比如，当看见谁咳嗽时，就关切地问一句：“是不是感冒了？多喝点儿开水可能会好些！”

当成员生病住院时，这是对其表达关心的好机会。因为人在生病时，往往是最脆弱的，非常希望得到关爱和安慰，如果这个时候领导者能亲自去医院探望，一定会让其感动不已。如果实在太忙抽不出时间，则可以派其他人去探望。

关心成员的家庭

家庭的幸福和睦是做好工作的基本保障，所以要对成员的家庭投入关爱。有的时候，关心成员的家庭，比关心他本人更能收获感激和信任。比如，成员的家庭遭遇困难，领导要及时伸出援助之手；过春节的时候，为成员的儿子发一个红包；成员的父母身体不好，要多关心问候，并送一些对其父母健康有帮助的小礼物。

对小团队而言，成员的心就是其稳定的根。而要稳住成员的心，就要从细微之处着眼，从点滴小事着手。正所谓“见微知著”，在小事上表达关爱，并逐渐累积起来，就能获得巨大的忠诚和工作的动力。

实战要点

对团队成员的关心就是对自己的关心。对团队成员的关心要分清场合地点，选择最佳的方式，否则有可能适得其反。

小团队管理实战训练：员工当面顶撞你，该如何处理

对于小团队管理而言，最大的尴尬莫过于被员工当面顶撞了。正常情况下，碍于上下级关系，员工不会顶撞上司。但有些时候，由于不满、愤怒，员工控制不住自己的情绪而顶撞上司。还有一种情况，员工轻视上司，所以顶撞。这样的员工可能有背景和靠山，或者是资格老。

面对这种情况，如果恼羞成怒，情绪失控，最终会成为别人眼中的笑话，严重降低自己的威信，对小团队管理很不利。正确的处理方法如下：

首先要控制好自己的情绪。

比如深呼吸、调整身体的姿态、喝水，如果条件允许可以抽一

支烟，等等，都可以缓解情绪，让自己保持冷静，不至于被员工的顶撞激怒。

其次是分类区别对待。

员工顶撞上司的原因大体上有两种：因公或者因私。这就要根据情况分析，并做出判断，然后区别对待，不能一刀切。

如果是因公，这说明员工的出发点是好的，也是为了团队的利益，只是采取了不恰当的方式。这时就要就事论事，与员工开诚布公地讨论，如果员工说的确实有道理，能采纳其意见就采纳，不能采纳要讲明原因，不能利用领导的身份直接否定。

如果是因私，就要看是哪一方面的事情。对于其利益没有满足的情况，要进行解释答复；对于违反原则的事情，要坚决给予回击，做出相应的处罚。

最后是以理服人。

面对员工的顶撞，以领导的身份强行压制不是一个好方法。这样也能解决问题，但会留下隐患。最好的方法是以理说服对方，充分沟通后双方意见达成一致。作为员工，有权利表达自己的观点和意见。领导要尊重员工，不能搞“一言堂”。

第五章

小团队，大目标：树立清晰的靶子，员工才能瞄得准

没有目标航行，任何风向都是逆风。小团队要有大目标，更要有清晰的目标。小团队的目标设置必须坚持 smart 原则：具体、可以量化、能够实现、注重结果、有时间限制。如果缺少任何一个条件，都会让最终的目标流产。同时，要记住：一心向着目标前进的人，整个世界都会给他让路。

当你没有计划时，你正在计划失败

总是觉得时间不够用，整天忙得晕头转向；

经常发现自己安排的工作做起来没有头绪；

出了问题，大家都不知道该怎么办，集体茫然；

做完以后才发现做得乱七八糟，与想要的效果相去甚远；

……

如果在工作中经常出现上面类似的问题，那就说明没有做好计划。制订工作计划，是每个团队管理者必须做的事，没有计划的工作，大家做起来不能按照正常的、正确的步骤来完成，中间过程很容易出现偏差，直接影响工作完成的质量。要带好小团队，就必须学会正确科学地制订工作计划。

常言道“凡事预则立，不预则废”。计划是做好工作的基础，完成任务的保证。其实，当你没有计划时，你就是正在计划失败。

有计划的好处

工作计划的作用主要体现在两个方面：第一，树立目标，协调大家的行动，增强工作的主动性，减少盲目性，使工作有条不紊地进行；第二，能够起到约束和督促的作用，使得大家对自己的工作进度和质量有一个对照的标准。可以说，计划对团队工作既有指导作用，又有推动作用，是建立正常的工作秩序，提高工作效率的重要手段。

没有计划的坏处

如果没有工作计划，那么团队的工作就会一团糟，其弊端有四点：第一，不是人在推动工作，而是工作在推动人，从而导致忙、盲、茫。第二，没有目标，没有步骤，往往会舍本逐末。第三，墨守成规，没有进步，交流上不改善。第四，工作配合差，造成时间、金钱的浪费。

培养制订计划的习惯

作为小团队领导者，缺乏计划性，不仅仅让自己产生混乱，效率低下，更可怕的是让团队经历同样的痛苦。只有把制订计划培养成为一个习惯，就像吃饭、喝水、睡觉一样，成为自动自发的行为，才能真正解决问题。

每天上班后的第一件事就是排列事务表。把当天团队需要完成的任务按照轻重缓急排一个表，然后按照这个事务表安排工作。每处理完一个，就在后面打一个对勾，直到安排完所有工作。同时，要预留出一定的时间处理突发情况。

然后把这个方法移植放大到每周、每月。当然，主要的工作量在每周、每月的第一天进行安排，然后是监督执行和调整，并做好每天的工作安排。

最后就是坚持、再坚持。当一切很自然的时候就是成功了。

实战要点

缺乏计划性是领导工作的大忌。心中没有数，干到哪里就是哪里，这和闭着眼睛开车一样危险。更为可怕的是，车上还拉着许多同事。

小团队制订目标的六个步骤

制订计划最主要的一项任务就是为团队树立一个目标，让大家都向着这个目标前进。有了目标就有了方向，就有了努力的动力。

没有目标的航行，任何风向都是逆风，永远难以靠岸。没有目标的小团队，就是一群无头苍蝇，到处乱撞，没有存在的价值。

那么，如何为小团队制订目标呢？我们可以分六个步骤：

第一步：吃透上情

这个上情要根据小团队的性质而定。如果是企业里面的小团队，就要吃透上级领导层的意图，以及他们对团队的期望。

如果是创业小团队，要通过网络新闻、报纸、文件、讲话等渠道，及时了解党和国家的有关方针、政策和上级的最新精神，领会具体意图和实质要求，从而对所要进入的行业有一个基本的判断，这样制订出来的目标计划才具有前瞻性，才不会偏离方向，更不会贻误发展。

第二步：明确目标

只有目标明确，才能有的放矢。所以，在目标计划中要明确地提出时间表，列出路线图，标明责任人。这样大家才会围绕目标，充分发挥各自才能，去认真地执行计划和完成任务。当然，提出的目标必须从实际情况出发，既不要因循守旧，也不要盲目冒进。

第三步：集思广益

任何计划的制订与实施，没有员工的广泛参与都是不可能实现的。因此，在计划的制订过程中，一定要广泛听取团队成员的意见和建议，充分调动和发挥他们的积极性与创造精神，这样才能推动计划顺利实施。

第四步：突出重点

制订新的目标计划，要学会用十个指头弹钢琴。既要着眼全面、统筹兼顾，更要突出重点、以点带面，千万不能眉毛胡子一把抓。

应该按照“常规工作得满分，创新动作能加分”的要求去设计，这样既能让工作任务圆满完成，也能打造出亮点和特色。

第五步：做好减法

目标计划要简明扼要，不能太烦琐，只需说清楚该做什么、怎么做、达到什么目标即可。所以，要做好减法，删去不必要、啰唆的部分。

第六步：弥补不足

制订目标计划时，要对上期的工作进行全面回顾，查找出存在的不足，认真分析原因，有针对性地研究出解决或者弥补的办法，然后把解决办法贯彻在新的目标计划中。这样才能避免在一个地方跌倒两次。

实战要点

制订目标的六个步骤环环相扣，如果某个环节没有做好，就会出现问题，对后续的工作造成障碍和困难。

目标恰到好处：跳一跳，能够到

目标怎样设置最为科学合理？

作为小团队领导者，这是必须考虑清楚的问题，否则就会做一些毫无意义的工作。管理学上有一个洛克定律，是由美国管理学家埃得温·洛克提出的，其意是指：当目标既是未来指向的，又是富有挑战性的时候，它便是最有效的。

我们可以通过现实中的一个事例来说明这个定律。篮球是一项世界性的体育项目，许多人都喜欢打篮球。世界上任何事物的存在都有其奥妙性，篮球运动也是一样。篮球吸引人的奥妙在于其篮筐的高度。如果篮筐非常高，人们根本就投不进去球，那么篮球也就失去了存在的意义。如果篮筐很低，只有一个普通人那么高，人们很容易就能把球投进去，那么篮球也没有存在的意义，因为太没意思了。正是因为篮筐被放到了一个恰当的位置，人们“跳一跳，能够到”，所以才有众多的人喜欢玩儿。这就是洛克定律揭示的道理：只有“跳一跳，能够到”的目标才最具吸引力，对于这样的目标，人们才会有追求的热情。

在小团队目标设置中，我们就可以充分运用洛克定律，确定一个“跳一跳，能够到”的目标，以调动员工的工作积极性。

· 比如一个销售小团队，有5位销售员。他们去年的销售任务完成额为100万元。那么今年的销售任务目标该怎么定呢？通过现有的情况进行预测，今年的整体市场情况没有太大的变化，基本保持稳定。如果把销售目标定为100万元，与去年保持一致。这在销售员看来，完成目标应该没有问题，毕竟去年已经实现了这个目标，有了经验。如此一来，他们就没有了压力，就会轻视，就会懈怠，最终的结果极有可能完成不了目标。如果把销售目标定为200万元，在去年的基础上翻倍。这在销售员看来太难了，几乎不可能完成，毕竟去年在大家的奋力拼搏下才完成了任务。他们就会产生畏惧，就会泄气，甚至是怨恨，从而出现“破罐子破摔”心理，反正完成不了，又何必去费心费力呢？最终的结果也是极有可能完成不了任务。如果把销售任务定为120万元，在去年的基础上提升20%。这在销售员看来，虽然有一定的难度，但只要再拼一把，极有可能会完成。于是他们就会自我调动起来，努力去完成任务，毕竟完成的希望是非常大的。这最后一个就是“跳一跳，能够到”的目标。

管理小团队一定要记住：制订的目标不能超出团队能力过多，不应脱离实际。

这里有一个非常重要的问题，那就是如何对小团队的能力做出准确的判断和评估，也就是刚刚够到需要跳多高？

首先，对团队每个员工的能力要心中有数。这可以通过长期对员工的观察和其工作量的统计来获得。

其次，要清楚团队所拥有的资源。这主要包括团队能够调动的资金、拥有的权限、能够使用哪些平台和渠道等等。

最后，对所掌握的这些信息进行汇总分析，然后确定一个科学合理的目标。

当然，目标通过团队讨论，没有异议最好。这样的目标获得高度认同，大家的信心就很足，完成起来就会很有热情和动力。

实战要点

目标的设置有一定的技巧，不能太低，也不能太高，要恰到好处才行。这个恰到好处是指目标有一定的挑战性，不会轻易就能实现，也不会拼命努力后扔无法实现。

目标必须具体，具体，再具体

为小团队制订目标，必须要非常具体，不能模糊。“目标，必须是清晰而具体化的。”这是拿破仑·希尔说的一句话，阐述了目标的重要特点“清晰而具体”。只有具体的目标，才具有可行性，实现的可能性也才最大。

作为小团队领导者，要清楚地知道，清晰而具体的目标是所有成功团队在工作计划制订时共同表现出的特点。很多团队虽然也很优秀，但目标计划却往往不能成功执行，其中一个重要的原因就是目标制订模糊不清，笼统宽泛。

在对小团队目标的描述中不要出现这些词语，比如尽快、上下、左右、差不多、大概、不少于、某某以上等等。这些模糊性的词语会让目标的实现受到很大的影响。

如果一个团队本月计划完成100万元的销售额，在制订计划的时候，对员工要求是每人的销售任务不能少于10万元，那最终的结果可能最多也就是每个人完成了10万元，而不会去完成更多的销售任务，也就是说10万元成了最高。

要想让目标非常具体，可以把大目标分解成小目标。比如把年度目标分解到月、日。

日本著名企业家稻盛和夫对于如何分解目标有很高的见解：

“做年度计划要细化到每个月甚至每一天的具体目标，然后千方百计地达成。今天努力干吧，通过今天的勤奋能看清明天；这个月努力干吧，通过这个月的勤奋能看清下个月；今年努力干吧，通过今年的勤奋能看清明年。就这样，一天天都会过得很充实，过得充满斗志，就像跨过一座一座小山。小小的成果不断积累、无限持续，远大的目标就一定能实现。”

身为团队领导者，职责就在于确定目标、划分目标、分派任务，与其让全体员工去完成一个年度大目标，不如把这个年度大目标划分到月、到人，让每个员工都清楚自己具体要干什么，要干到什么程度。这样就能最大程度保证目标的最终实现。

下面我们讲述几种让目标更加清晰而具体的方法：

全员交流沟通

这种方法只能在小团队使用，如果是人数众多的大团队，则有一定的困难。

在制订团队的目标计划之前，领导者应该通过不同的形式，与所有员工进行仔细的交流沟通，进行充分的意见交换，让他们对未来所要达成的目标有清醒的认识。

在交流沟通的过程中，团队领导者既要讲清楚上层领导对目标的期望和要求，以及外部的条件和环境等情况；同时也要让员工了解团队内部所拥有的资源和权限。

如此一来，员工就能做到心中有数，对目标有非常具体的了解。

目标表达形式多样化

要想让员工对目标了解得更加清晰具体，可以采用多种表达形式。比如制作员工手册、具体的“清单”，发送内部电子邮件，在员工论坛、微信朋友圈发帖，让员工对目标有更加具体的了解。

记录实现目标的过程

马云在创建阿里巴巴的时候就进行了全程摄像。他把这一过程永远记录了下来，也把阿里巴巴的伟大目标以录像的形式保留了下来。这对全体创业团队成员来说，都具有非常大的激励作用。

因此，作为小团队领导者应该把目标选择、计划执行的过程加以提炼，以图表、文字、录像等形式保留下来，为之后的工作打下良好的基础。

实战要点

团队目标无法实现的一个普遍的原因就是由于目标模糊，不清晰。对于员工而言，面对不清晰、非常模糊的目标，就会心里没有底，在执行的过程中出现无所适从，不专心、不专注的情况。这就从内心深处给了他们退缩、懈怠的理由和借口。

没有时间限制的目标一文不值

给小团队制订目标，必须要设定一个实现目标的具体期限，也就是在某某时间内必须完成，或者是截至某个具体的日期必须完成。

没有时间限制的团队目标一文不值，经常会被一拖再拖，无限延期。

对于员工来说，只要知道自己必须在特定的时限内完成某个工作任务，那么他就会集中精力，开动脑筋，全力调动自己和同事的潜力，为实现目标而努力奋斗。如果完成目标没有具体的时限，那么员工难免会精神涣散、松松垮垮。在他们看来，反正没有具体的时间要求，慢慢干，不用那么拼命，只要最终完成了就可以。

没有时限就没有约束，往往会投入过多的时间和精力，以及财物，而最后完成目标的效果却差强人意。

那么，如何给小团队的目标设置一个合理的最后期限呢？

通常而言，在给目标设定时限的时候，需要考虑以下几个方面：

以上级目标为准

小团队的目标往往是由上级大目标分解来的，因此，可以把上级目标的最后期限的前一天作为团队的最后期限。这样就会给目标的实现留有一定的余地。

不要忽视意外情况发生

在任何一个目标计划实现的过程中，都不可能避免意外、突发事件的发生。比如日程冲突、意想不到的困难等等。这些最好要提前考虑进去，做出相应的预案。

时限不能太长

一个目标计划完成的时限如果太长就要分解成小目标，然后围绕小目标展开工作。因为时间拖得越久，目标实现的难度就越大，员工一旦在一段时间内无法得到“达成目标”的激励，就很容易丧失工作的动力。

考虑资源状况

每个小团队的资源都会有一定的限制，不可能拥有无限资源。这时，就应该先对团队的资源进行盘点，做到心中有数，然后对完成目标的情况进行预估。如果哪一项资源不够，就要提前想办法。

实战要点

时限是一种约束，更是一种激励。

设置目标完成的时限时，可以与员工进行交流沟通，尽最大可能达成共识。

“可以量化”，小团队目标更容易实现

在小团队管理中，制订目标很容易，但实现起来很难，甚至会失败。其中一个非常重要的原因就是没有量化它。量化目标，其实就是让目标具体化。

为什么要量化目标

第一，如果只是把目标定性而不定量，目标就不清晰，也很难掌握其完成程度。只有使用具体的数字，才能很好地掌握情况，知道自己离目标有多远。比如，目标是“提高客户满意度”，这个就比较模糊，如果改为“客户满意度提升到90%”，就很清晰。

第二，在评价目标之时，需要有一个客观的评价基准，如果用具体的数字来表示要完成的目标，相应的评价就会非常明确。如果目标不量化，就很难评价。

第三，想让目标发挥出最好的效果，就要让目标能与别人正确共享，但定性的目标做不到这一点。比如“通过培训，提升业绩”这样的目标，就达不到共享的效果。因为这个目标比较模糊。如果把目标改成“每月对员工培训一次，半年后业绩提升30%”，这样的目标便能达成共识。所以为了正确地共享目标，正确地使用数字这种公共语言是很有必要的。

量化目标的标尺和原则

要把目标量化，必须掌握4个标尺和3个基本原则。

4个标尺是数量、质量、成本和时间。

数量类标准：产量、销售额、次数、利润率、客户保持率等；

质量类标准：合格率、准确性、满意度、通过率、达标率、创新性、投诉率等；

成本类标准：成本节约率、折旧率、投资回报率、费用控制率等；

时间类标准：期限、天数、及时性、推出新产品周期、服务时间等。

对于不同的目标，进行量化的时候，需要采用不同的标尺。对定量的目标，可以多从数量、成本等角度来量化。对于定性的目标，则要多从质量、时间的角度进行量化。

3 个基本原则：能量化的尽量量化；不能量化尽量细化；不能细化尽量流程化。

能量化的尽量量化：首先要检查团队的各个岗位，看看哪些工作可以量化。对于可以量化的工作，这时直接量化就可以了。对于难以量化的工作，可以通过目标转化的方式来实现量化，转化的工具就是数量、质量、成本、时间等元素。通过目标的转化，许多模糊的目标就清晰了。

不能量化的尽量细化：有些岗位，工作繁杂琐碎，无法确定其工作核心是什么，不好量化，而且量化了也不一定做到全面、客观，比如内勤。碰到这种情况，则可以采取目标细化的方式：首先，对该职位工作进行盘点，找出其所承担的关键职责，其次，运用合适的指标进行细化。这样，经过细化的指标就基本上能够涵盖其主要工作。

不能细化的尽量流程化：有些岗位的工作比较单一，往往一项工作做到底，这种工作用量化、细化好像都无法准确衡量其价值，比如录排员，其工作就是天天打字排版。针对这种工作，可以采用流程化的方式，把其工作按照流程分类，从中寻找出可以考核的指标。如录排员工作流程：接稿—录入—排版—交稿，针对每个流程，我们都可以从多个维度来衡量，对评价标准我们还可以列出相应等级。如果考核的话，就由其主管按照这些标准征询其服务客户意见，确定录排质量，然后进行打分评估。

量化目标的技巧

第一，在目标量化时要考虑目的。

比如，有一家医院把提高病人的满意度作为目标，在量化这个目标的时候设置了一个“死亡率”的指标。结果出现了这样的情况，为了降低死亡率，医院的医护人员拒绝接收死亡率高的病人。

本来为了提高病人的满意度，现在没有达到效果，反而离真正的目标越来越远。这就是在量化目标的时候没有考虑到真正的目的。

第二，在量化目标时要考虑执行人的感情。

比如，一家化妆品企业，刚开始在评价销售团队的时候，把销售额作为唯一指标，结果员工为了提高销售额，导致了过度营销，而这种“拼命营销”引起了顾客的大量流失，公司经营情况越来越糟。于是，他们改变了做法，把顾客的“回头率”也纳入了评价指标，慢慢地公司的情况才好了起来。

要知道，人是有感情的，不是机器，所以在量化目标的时候必须考虑这样做会唤起怎样的感情。

第三，在量化目标时让执行目标的人参与进来。

比如，一家电器制造公司的销售团队规定，每个销售员的月销售额不能低于 200 万元。而这个量化后的目标并没有征求员工的意见，只是根据他们自己掌握的有限数据做出的决定。

结果，半个月过去了，有好几个销售员只完成了三分之一的任务量。这几个销售员心想：“这个月肯定完不成了。”于是，他们破罐子破摔，不想再努力了。

之所以出现这种情况，原因就在于量化目标的时候没有让执行人参与进来。人都是这样，只要是自己决定的事情，接受起来就比较容易，而别人强加的就会有抵触情绪，态度不积极。如果领导者在量化目标的时候，先让员工自己订具体的目标，然后对其目标进行修正，那么，员工在完成目标的时候就会更加积极主动。

实战要点

量化的目标才最清晰，也更容易实现。如果目标无法量化，就要尽量细化、流程化。

目标要因时而动，及时调整

人们常说：计划没有变化快。在目标计划实施的过程中，要对其进行实时的监控，及时了解进度和出现的问题，如果发现情况有变，就要对目标计划进行调整。

带领和指导团队紧盯目标不放，努力工作，非常执着，这确实是应该得到赞许。但是，如果发现这样做根本不行，或者情况发生变化，却仍一条道走到黑，不知道变通和调整，那就是硬钻牛角尖儿，完全不可取。

一般情况下，对目标计划调整的方法有两种：滚动计划调整法和备用计划调整法。领导者应该根据团队的特点、任务的性质以及内外环境的变化趋势，选用适宜的计划调整方法。

滚动计划调整法

滚动计划调整法包括以下几个步骤（以年计划为例）：

1. 团队领导者应把目标计划等距离划分成若干阶段。比如把年计划分为 12 个月度计划。

2. 当第一月结束时，收集这个月目标计划的执行情况，将实际情况与计划进行对比，找出存在的差异。

3. 对差异进行分析，找出产生的原因，然后进行评估，确定差异是有利的还是有害的。

4. 根据差异评估来对原计划中剩余阶段的计划进行修正和优化。

随着时间的流逝，每经过一个月，都要进行以上 4 个步骤的计划调整，使团队目标计划滚动式地向前发展。

备用计划调整法

为了更有把握，更加保险，在制订出团队目标计划之后，可以对其执行过程进行分析推演，考虑各种可能突发的情况，然后根据突发情况拟订一份备用计划。

当团队目标计划实施的过程中出现突发情况时，就可以启用备用计划，从而达到对原计划进行调整的目的，最终保证目标计划的实现。

在拟订备用计划的同时，要确定启用备用计划的先行指标，这些先行指标是意外情况出现的先兆,是团队报警系统的红灯或警铃。

实战要点

刻板地死守目标计划不可取，而随意变动目标计划也不可取。目标计划的调整必须要经过慎重考虑,认真分析之后才行。

小团队管理实战训练：如何为六七个人的团队设置目标“挑战卡”

设置目标“挑战卡”是一种非常有效的团队管理方式。这主要是利用员工的竞争心理，激发其工作积极性，促使其尽快完成团队目标。

有一家工厂，产量一直不高，厂里采取了很多措施想提高产量，但收效不大。苦思冥想之后，厂长想到了一个办法。一天，他视察完白班的工作情况之后，在车间的黑板上写了一个大大的5。上夜班的工人得知这是白班的产量，并且是厂长亲自写的之后，心里很不服气，于是憋足劲儿干活儿，下班时自豪地在黑板上写了一个大大的8。接班的工人看见后，自然不甘落后，当天的产量达到了惊人的10。

就这样，白班工人和夜班工人相互较劲儿，不断刷新纪录，后来日产量最高达到了15。厂长用一个小小的数字就轻松解决了产量低问题。

这个案例就是目标“挑战卡”的雏形，充分利用了工人不服输的竞争心理，其实也有激将法的味道。

在小团队管理中也可以用这种方法。具体步骤如下：

第一，现将团队成员分成几个小组，每个小组最少2个人。每个组起一个非常响亮的名字。

第二，每个组设计一张卡片，填上组名，然后张贴到墙上，或者专门做一个小黑板，用来贴卡片。

第三，把业绩最好的组作为应战者，也就是树立为目标，在卡片上写上“应战者”三个字，并在下面填上所取得的业绩。

第四，在其他小组的卡片上写上“挑战者”三个字，让他们对业绩最好的组发起挑战。

第五，根据团队实际情况确定挑战时间，可以是一个月，也可以是一周、一天。如果在这个时间内，有挑战者的业绩超过应战者，应战者卡片的位置就会被该挑战者替代。

第六，成功晋升为应战者的小组会获得一定的奖励。奖品可以根据团队的具体情况而定，可以是现金，也可以是物品。

第七，年终设一个“挑战卡”金奖，由在“应战者”位置上待的时间最长的小组获得。当然，奖品更加丰厚。

第六章

立刻去做——小团队，最重要的是推动执行

对于小团队而言，执行力永远是最重要的。处在基层，冲在第一线，如果缺乏执行力，那就是致命伤。甚至可以说，缺乏执行力的小团队根本就没有存在的必要。所以，要带好小团队，必须培养其卓越的执行力。

小团队执行力不佳的原因

在小团队的管理过程中，是否会经常遇到以下问题：

给员工安排工作时，需要反复交代，反复叮嘱，但最终的结果还是不满意。这时，我们恨不得亲自去做。

在推进工作过程中，团队成员缺乏沟通合作，画地为牢，人人自扫门前雪，不管他人瓦上霜，事不关己，高高挂起。如果出现问题，成员之间互相推诿，像踢皮球一样。

给员工交代一项任务，对方长时间没有回应，我们根本不知道做到什么程度了。当我们一询问，却发现任务距离完成还差很远。我们这边火急火燎，员工那边悠哉游哉。

开会布置任务时，大家都说没问题，并且有的人还会拍胸脯打包票。但是，在具体执行的过程中，各种问题一大堆，谁也没有很好的解决办法。

……

当上面这些状况成为常态的时候，那就说明小团队的执行力出现了严重的问题。

执行力决定竞争力。如果一个小团队的执行力不行，那么它的未来就非常危险。而很多时候，小团队执行力差的主要原因在于管理方面。

团队中个别人执行力差是员工问题，整体执行力差则是管理问题。从另一个角度来说，个别员工执行力差也是管理问题，说明领导者在招聘时没有把好关，在指导培训时没有做到位。

下面是一位部门经理的讲述：

记得有一次，我想在周末给部门的员工做培训，却发现没有讲课用的黑板。于是，我就让主管去买一块能移动、带轮子的黑板回来，我还用手势比画了黑板的大小和形状。周五下午，黑板买回来了，可这块黑板却是一块仅长一米、宽四十厘米的小黑板，而且又不能挂，更没有轮子移动。看见黑板，我哭笑不得，就问主管这是怎么回事。一问才知道，原来他也像我一样，口头交代一名业务员去执行这件事，业务员为了省钱，反正是一块黑板，他就按照自己的意思把这块黑板买回来了。这件事的整个过程就是这样，你说能埋怨业务员吗？你说该批评谁呢，该处罚谁？一般情况下，我们肯定是觉得业务员没有按我的意图去执行，原因在于他执行不力，这里的“我”是没有责任的，因为“我”是部门里的最高领导，怎么会犯错误？中国文化里，领导是不会有错的，要说有错也是书本有错。其实，我想最值得批评的就应该是我，如果我能交代清楚，专门强调一下，就不会出现这种问题了。

可见有些时候，团队领导给员工安排任务时，如果出现失误，也会导致团队执行力不佳。

总括起来，小团队执行力不佳的原因有以下四个方面：

目标缺失，方向不明

一个优秀的团队，在行动之时必然拥有清晰的目标，向着正确的方向前进。如果团队既没有方向，也没有目标，又怎么知道向哪里行动，执行力自然就不足了。对于员工来说，根本就不知道该干什么，该怎么干，他们很茫然。

没有找到具有执行力的员工

执行的主体是员工，优秀的执行人员就是完成任务的最好保证。如果员工本身就缺乏执行力，工作积极性不高，懒散敷衍，喜欢找借口，那么团队的执行力就会非常差。

奖惩不到位

奖励和惩罚是激励的主要手段。在小团队中，如果这两个手段不到位，干得好的没有得到奖励，干得差的没有得到处罚，那么员工就会失去干劲儿。在他们看来，干的好坏反正都一样，混日子好了，没有必要努力拼搏。如此一来，何谈执行力？

监督缺失

任何执行都必须要有监督，没有监督的执行往往会走样或者变形，甚至完全失败。所以，一定要有监督的角色存在。在小团队中，这个角色通常由领导者担任。如果执行力不佳，那么就是领导者没有做好。

实战要点

执行力差，是小团队管理中最大的痛点，所以，要把对员工执行力的培养真正重视起来。

寻找小团队执行力不佳的原因，然后对症下药。

要“跟我上”，而不要“给我上”

在看解放战争的影片时，我们常常会看到这样的镜头：在发起冲锋的时候，解放军的现场指挥官会大喊：“同志们，跟我上！”而国民党的军官则大喊：“兄弟们，给我上！”虽然只是“跟”和“给”的一字之差，但已经折射出两支部队战斗力的强弱，也说明了为什么国民党军队打不过解放军。

在带领小团队的时候，也是同样的道理，如果只是喊“给我上”，那么失败就已经注定了。没有员工会喜欢这样的领导者，也不会真心跟着这样的领导者干。作为领导者，自己不能做出表率，又怎么能够带好团队，让团队爆发出强大的执行力呢?

有一位企业家在讲课的时候做过这样的演示。他拿出了一块石头和一根棍子，棍子的一端固定在石头上。他先是在石头的后面推动着棍子，石头随着棍子的推动而移动起来，然后，他又改为在石头的前面拉动着棍子，石头随着棍子的拉动而被带动起来。

做完这些之后，他说，要让石头动起来，有两种方式，一种是在后面推动着石头，另一种是在前面带动着石头。但如果把棍子换成绳子，则情况会大为不同。于是，他拿出了一块石头和一根绳子，依然把绳子的一端固定在石头上。他用绳子推动石头，结果绳子缩成了一团，而石头却纹丝不动。他又换成在石头的前面拉动着绳子，情形就完全不同了，石头随着绳子在前面的拉动而被带动起来。

做完演示之后，他总结道：这说明了什么呢？说明在后面推动别人不是什么情况下都有效，而在前面带动别人就不同了，不论你是用“棍子”还是用“绳子”，都能把别人带动起来，因此，在前面带动别人永远比在后面推动别人更有力量。

所以，要经常说“跟我上”，在前面带头行动，这样小团队才能被真正地带动起来。

色诺芬将军不仅是古希腊优秀的哲学家，而且还是一名优秀的军事家，26 岁时他便经常在沙场上带兵作战。在一次战斗中，色诺芬将军的军队被敌人两面夹击，前面是战斗力极强的土著人，后面是波斯的追兵，情况十分危急。此时，军队只有加快速度抢占制高点才有可能赢得一线生机。

色诺芬将军骑在马上，大声地鼓励士兵说：“亲爱的勇士们！请你们加快速度！快一点儿，再快一点儿吧！要知道你们现在是在为希腊而战，为你们的妻儿而战！稍加努力，前方的路就会畅通无阻！”

正在此时，一位士兵站出来说道：“将军，您一直骑在马背上，而我们却拿着沉重的盾牌步行，早已疲惫不堪，想走也走不动啊。”

听了这位士兵的话，色诺芬将军立即跳下马背，拿过他的盾牌，然后徒步前行，带头冲锋。这一下，士兵们再也没有话说了，士气高昂地向前冲去。最终，他们先于敌人到达了制高点，成功地进入底格里斯河边肥沃的平原。

由此可见，领导者的举动就像一个导航仪，导航仪指向何方，员工就会走向何方。在关键时刻领导者只有为员工树立榜样，起到表率作用，才能有效地激励员工。

所以，团队的有效执行力很多时候取决于领导者的行动。当真正能够把“跟我上”作为一种习惯运用于工作中时，就一定会成为一个优秀的团队领导者，也能打造出一支真正具有强大执行力的团队。

实战要点

“跟我上”对于小团队中每一个人来说，都是最实用的“电池”。

“给我上”一定会在领导者与员工之间划出一道深沟，双方只能两相对望，互相猜忌，永远不可能拥有强大的执行力，共同前进。

执行管理：慈不掌兵

想要让小团队获得超强的执行力，首先要领导者具备超强的统御能力，也就是能够如臂使指地驾驭小团队。不要认为团队小，就容易管理。

驾驭小团队就要把握一个原则：慈不掌兵。

为什么要这样做呢？因为仁慈之人必无威严，而兵无令不行，将无威则乱。

在残酷的市场竞争中，到处充满挑战，要想带领小团队生存下去，必须要狠。在管理上的狠就是为了做到令行禁止，督促员工努力拼搏，提升业绩，创造效益。可以说，对员工的“狠”其实就是对团队的“慈”，也是对员工的“慈”，因为团队好，员工也会跟着好。

作为团队的领导者，身上必须具备杀伐的气质，如果黏黏糊糊，经常考虑这个人跟我很熟，那个人与我交情也不错，那无异于是让团队中的杂草渐渐茂盛，甚至夺走作物的营养。

格力电器的董明珠大家应该都知道，她就是一个“慈不掌兵”的典型。

1995年，董明珠开始带领格力的销售团队。一天，有一个年销售额达1.5亿元的大经销商，来格力厂要求特殊待遇，语气中透着不容商量的傲慢。董明珠非但没有理他，反而狠狠反击：把他开除出格力经销网。所有人都在为这位女上司捏一把汗，一个位子还没有坐稳的销售经理，一天之内，竟毫不犹豫地扔掉1.5亿元的年销售额。董明珠的回答很简单：只要违反原则，天王老子也给我下马。也正是由于董明珠的“狠”和“严”，才真正管住了那些经销商。

还有一次，武汉的一个客户找到董明珠的哥哥，希望他能够从董明珠那里拿到更高的格力空调额度。因为当时空调产能有限，只能给客户分配额度。没想到，董明珠当场就拒绝了哥哥的要求，并且给武汉那个客户断了供货。后来那个客户写了保证书，绝不找董明珠的哥哥才重新获得了供货。

董明珠的哥哥很生气：空调卖给谁还不都是一样，为什么不肯给自己，她到底是不是自己的亲妹妹？最后他给董明珠写了一封绝交信，十几年再也没有与妹妹来往。

虽然得罪了哥哥，但董明珠给员工与客户树立了一个非常好的榜样。

董明珠对员工要求很严。她定了这样一个规定：“上班时间不许吃东西，一经发现，第一次罚五十，第二次罚一百，第三次走人”。当时，所有人都以为这也就是说说而已。结果有一天，仅有10秒钟就要下班的时候，董明珠走进了办公室，发现8名员工正在吃东西。她毫不客气，每人收了50元。大家目瞪口呆。董明珠说，只要违反原则，再小的事，都是大事，都要管到底。

在董明珠的带领下，格力的空调销售额直线上升。市场如战场，如果领导者过于仁慈，当严不严，心慈手软，姑息迁就，就不适合带领团队。可以说，过于仁慈，是一个需要在市场上带队拼杀的领导者的致命弱点，这样带出来的团队，纪律松散，人心不齐，必定会打败仗。

需要注意的是，不能把“慈不掌兵”绝对化了，把“慈”和“狠”理解偏了。

这里的“慈”是指没有底线的仁慈，对什么事都抱“好好先生”的态度，员工犯了错不说，违反了制度不说，觉得大家都不容易，应该理解，或者觉得说了会影响团队的和谐，引起矛盾。这是假仁慈，最终会害了大家，害了整个团队。

这里的“狠”不是心黑手辣、残忍暴虐、冷血无情，对员工没有一点儿爱心和人情味儿，而是指坚持原则、果断坚毅，不姑息迁就。

如果不对员工好，不体恤员工，那么员工就不会与团队一条心，但如果这种好和体恤变成了“溺爱”，毫无底线和原则，那么就会带出目无纪律、战斗力低下的“娇兵”。

作为团队领导者，一定要掌握好“慈”与“狠”的度，知道什么时候该“慈”，什么时候该“狠”。

实战要点

仁慈的人能够让人尊敬，却不一定让人服从。而小团队需要去开拓和竞争，所以，必须要能够让人服从，否则乱成一锅粥，何谈胜利？

心中有结果，执行有效果

小团队执行力不强的原因可能有许多，但最根本的一条就是执行的过程中没有以结果为导向，导致执行出现偏差。

执行力就是把目标计划转变为结果的能力。不管如何去做，最终是要围绕结果而展开，要看最终的结果。没有结果，一切执行都没有意义。所以，作为小团队的领导者，一定要心中有结果，要围绕结果思考和安排任务，也就是要拥有结果思维。

这种思维以结果为标准，以商业思维为入口，客观对待管理工作，责任到人。结果是衡量一个人工作优劣、升迁和奖罚的唯一标准，公平公正，用结果交换一切。这有利于提高团队工作效率，是团队长远发展的必经阶段。

在团队管理的过程中，我们经常会听到这样的话：“我没有功劳还有苦劳啊。”“虽然任务没有完成，但我忙了一天，一刻都没有闲着。”“我已经尽力了，我也没办法！”这是典型的缺乏结果思维的说法。对于这样的员工，一定要明确地告诉他：虽然你付出辛苦，你很忙，但最终却没有得到好的结果，那么就等于零。同时，还浪费了团队的时间和资源。团队看重的是最后的结果。

《赢在中国》大家应该比较熟悉，这是中央电视台推出的一个大型创业励志真人秀节目。史玉柱曾经是这个节目的评委,有一次，他向选手提出了一个问题。

史玉柱问道："如果你是老板，你有一个项目，分别由两个团队实施，年底的时候，第一个团队完成了任务，拿到了事先约定的高额奖金，另一个团队没有完成任务，但他们很辛苦，大家都很拼，都尽了力了，只是没有完成任务，你会奖励这个团队吗？"

一个选手说："因为他们太辛苦了，我得鼓励他们这种勤奋的精神，奖励他们奖金的 20%"。一个选手说："那我得看事先有没有完不成项目怎么奖励这个约定，没有约定就不给"。还有一个选手说："我得看具体是什么原因导致他们没完成任务，再做奖不奖的决定"。

史玉柱说："我不会给，但我会在发年终奖的当天请他们搓一顿。功劳对公司才有贡献，苦劳对公司的贡献是零，我只奖励功劳，不奖励苦劳。"

其实，这就是是否拥有结果思维的区别。对团队的贡献为零，即使再辛苦也不应该奖励。对团队的贡献很大，即使再轻松也应该奖励。能够轻松做出很大贡献，说明这样的员工有能力，方法对，效率高。对于团队来说，功劳才有意义，苦劳没有任何意义。

那么，在小团队中，如何把结果思维贯彻在管理工作中，从而提高团队的执行力，并最终做出优秀的业绩呢？

以身作则

作为团队领导者，首先要带好头，做好榜样。在团队管理中，要真正以结果为导向，以结果为标准，而不是以个人喜好为标准。当领导者这样做了，下面的员工也就围绕这个标准而努力，他们看重的也会是结果，而不是过程。

明确职责

对于团队中每个员工的职责应该有非常明确的划分和界定，否则会对结果思维和结果导向的贯彻产生不良影响。比如安排几个员工合作完成一项任务，如果职责没有划分清楚，就会出现互相扯皮、推诿的现象，特别是遇到一些突发或特殊情况，这种现象会更明显。在他们看来，职责不清，最终的结果也就很难分清，干得多未必得到的就多，所以工作积极性就会降低。

责权对等

只有责权对等的工作计划和任务，才能真正实现以结果为导向。混淆权利与责任，只会让找借口的人更有机会找借口，让努力做事的人承担责权不等的责任，整个团队如果这种现象多了，结果思维就成为某些人找借口的机会。

实战要点

运用结果思维需要三步：第一步要锁定要达到的结果，第二步制订达成结果的各种方案，并有效评估方案的操作性，第三步，在实施中，排除干扰，不断调整，直达结果。

把“拖延”这个幽灵赶出团队

“拖延”是执行力的最大障碍。在“拖延”的腐蚀下，任何团队都会虚弱不堪，即使非常简单的任务也很难完成。

在团队管理中，我们不难发现这种现象：我们给员工布置了一项任务。然而，一开始，他们并没有将任务放在心上，总是一拖再拖。如果我们询问任务的完成情况，他们会找各种理由来搪塞，比如手上有更重要的工作、某个员工不配合、需要的某个数据还没有拿到手等等。等我们催得急了，他们才会急急忙忙地加班加点，草草完事，工作质量很难保证。这就是典型的拖延症。

小团队人数少，环节也少，容错率低，任何一个人工作出现拖延的情况，都会给团队造成巨大的影响。所以，必须在小团队中杜绝拖延，提高效率。

要想把拖延赶出小团队，必须做好以下三点：

安排任务只指派一个负责人

“三个和尚没水喝”的道理大家都知道。所以在安排任务时，不能让多个人负责，而要指定唯一的负责人。如果在完成任务的过程中出现问题，只找这个负责人，让他想办法解决；如果任务到时候没有完成，也只惩罚这个负责人。当然，这个负责人也要拥有相匹配的权力，能够调动相应的资源，获得相应的报酬。

这样安排，在心理学上有一个依据，那就是责任分散效应：对某一件事来说，如果是单个个体被要求单独完成任务，责任感就会很强，会做出积极的反应。但如果是要求一个群体共同完成任务，群体中的每个个体的责任感就会很弱，面对困难或遇到责任往往会退缩。

当只有一个负责人时，他就没有了推脱和拖延的理由和空间，只能积极去完成任务。

设置最后期限

前面我们已经讲述过完成目标时必须设置期限。要想杜绝拖延，也要设置最后期限。任务没有按照严格的时间限制，往往会成为员工拖延的借口。而设置严格的时间限制，就堵死了员工拖延的退路，他自己会想办法完成任务。

时间限制要非常明确，比如要求员工完成一项市场调查报告，不能说抽时间尽快完成，而要说某月某日前必须完成，否则要受到严重的惩罚。

跟进督促

惰性是人的天性。很多人的自制力是很差的，自制力很强的人只占少数。只要没有监督和督促，人们就会产生懈怠的情绪，从而拖延时间完成任务。

不要认为有制度和期限的限制，就可以高枕无忧。人都有侥幸心理，认为自己最后加个班就能完成任务，或者到时候其他同事能够分担一部分，甚至是任务无法完成后能够免于处罚，于是，就会不停地拖延。所以，在安排完任务之后，要及时跟进督促，不能放任不管。

我们可以过一段时间询问一下员工的工作进展程度，如果进度慢了要进行警告和督促，提升员工的紧迫感。

实战要点

要想治愈小团队的“拖延症”，首先要让自己高效起来。当自己雷厉风行，总能快速而准时地做完工作，那么员工一定会受到影响，也高效起来。

拖延有惯性，如果放任不管，往往会越来越严重。所以，一定要坚决、果断、及时地把这个幽灵赶出小团队。

让员工做问题的“终结者”

在小团队管理中，有时会遇到这样的员工，只要碰到问题，不管能不能解决，都喜欢向领导请示。如果他自己有办法解决，就会向领导说“你看这样解决怎么样”，征求领导的意见；如果他无法解决，就会向领导说“你看怎么办”，直接推给领导。

这样的员工就是问题的“传递者”，自己不想办法，不担责任，一股脑儿把问题全推给上级。按理说，这种不解决问题的员工应该很难在职场上立足，然而现实情况却不是这样。因为有些领导就喜欢下属大小问题向自己请教，以满足自己的虚荣心和控制欲。而且，这样的员工不犯错误，因为任何问题都是上级领导的决定，与他没有关系。

然而，从团队绩效和管理的角度来说，对于这样的员工应该批评教育，督促其改正，甚至是清除出团队。否则，领导者只能整天焦头烂额地面对各种本不该属于自己的问题，执行力和效率大打折扣。

关于这一点有一个“猴子管理法则”。这个法则是由威廉·翁肯、唐纳德·沃斯在《哈佛商业评论》中提出的。

他们把下属的“问题”比喻成“猴子”。

下属遇到问题，不是自己想办法解决，而是来问你 :“经理，我有一个问题，想向您请教。”

“什么问题？”你问道。

“就是上次您安排的……我实在没有办法，您看能不能指导一下？”下属说。

你也没有更好的解决办法，但你实在不好意思拒绝下属的请求，便说 :“这样吧，你让我想想，过两天再告诉你。”

于是下属的问题变成了你的问题。也就是说，本应该下属背上有一只“猴子”，而经过与你的简短交谈，这只“猴子”跳到你的背上了。随着你背上的“猴子”越来越多，你也变得越来越忙，工作效率却越来越低。

作为小团队的管理者，一定要避免下属的“猴子”跳到自己的背上，要让员工照顾自己的“猴子”。管理者的角色是引导下属自己解决问题，而不是替下属解决问题。也就是说，不能让员工做问题的“传递者”，而是要做问题的“终结者”。

那么，如何才能让员工成为问题的“终结者”呢？

必须要坚持以下原则 :

原则一 : 如果员工的方法能够解决问题，哪怕是很笨的方法，也不要干预！

原则二 : 不为问题找责任，只是鼓励员工多谈哪个方法更有效！

原则三 : 如果一个方法不行，那就引导员工找其他的方法！

原则四：如果发现某个方法有效，那就把它教给下属；如果下属有好的方法，就赶快要学习！

具体步骤如下：

第一步：优化工作环境，让员工有更高的积极性、创造性去解决问题。

第二步：调节员工的情绪，引导员工从积极的角度看问题，找到最佳的解决办法。

第三步：帮员工把目标分解成一个个阶段，让目标更加清晰。

第四步：合理调用资源，为员工提供帮助，促使员工解决问题，达到目标。

第五步：真诚地赞美员工的某个行为，让员工获得激励。

第六步：让员工对工作进度做自我评估，吸取教训，总结经验方法。

第七步：引导员工“向前看”，少问“为什么”，多问“怎么办”。

只要遵守上面的原则，按照上面的步骤去做，员工解决问题的能力会大幅提高，最终成为解决问题的高手。

实战要点

在小团队中，不应该让员工把问题丢给自己，养成他们的依赖心理，而应该利用机会，培养他们处理问题的能力。

小团队管理实战训练：
如果员工的任务逾期，如何处理

通常情况下，员工没有完成任务的原因有以下几条：一是任务分配不合理。二是完成任务的条件不具备。三是不会做或不太会做。四是不愿意做或不太愿意做。

在小团队管理中，要根据实际情况处理，不能一刀切。

如果是任务分配不合理，就要及时纠正，根据实际情况进行合理分配。比如重新调整资源、搭配人力、规划时间等。

如果完成任务的条件不具备，就要通过自己掌握的权限想办法完善条件，同时，要激励员工克服困难，甚至是在力所能及的范围内创造条件。

如果是不会做，首先要看团队内是否有会做的合适人选，若有，就立刻调整，让合适的人做合适的事，若没有，就要对员工进行培训，提高其工作能力。

如果是不愿意做，就要与员工进行沟通，找到其不愿意做的原因，然后确认是否有改正的可能。若有，就要想办法提高其工作积极性和责任心，激发其努力完成任务；若没有，就果断换人。

第七章

有效激励：让员工既体现价值，又得到回报

只有不懂激励的团队领导，没有绝对平庸的员工。激励是一剂强心剂，能让员工更具激情，迸发出更强大的能量。相对于大团队来说，小团队的激励简单了许多。

满足员工的参与感

参与感能够让员工感到被重视和信任，从而产生一种成就感，迸发出强烈的工作激情和动力。

人都希望自己能够对社会有用，体现自己的价值，获得别人的尊重。在小团队管理中，让员工在不同程度上参与项目的决策研究和讨论，就能满足员工的这种需求。

把参与感运用到团队管理中的典范是小米公司。

在小米公司的经营过程中，雷军对于参与感的理解和运用可以说达到了炉火纯青的地步。保持产品的透明度和良好的参与感，是小米取胜的秘诀。可以说，小米卖的不是手机而是贩卖梦想，贩卖参与感。

在传统企业中，产品的研发过程和生产过程对用户基本是封闭的，用户只有在消费终端才能接触到产品。而小米产品的研发和生产则是尽可能地开放更多的节点，让用户最大限度地参与进来。如小米 MIUI 系统基于用户意见每周更新的“橙色星期五”，小米线下的活动“爆米花”，小米每年的公司庆典“米粉节”，这些都是小米给用户提供的参与机会，满足用户的参与感。让用户参与进来，既满足了他们“在场介入”的心理需求，也抒发了他们“影响世界”的热情，这样才能真正增加用户的黏性。让小米成为“我们的小米”，而不是雷军的小米，这就是雷军成功的秘诀之一。

其实在日常生活中，我们也能发现参与感对人的影响。比如给房子购买家具。如果是租的房子，人们的积极性并不高，而且尽量买便宜的，能凑合就凑合；但如果是自己购买的房子，则会非常精心，尽心尽力，费尽心思，花费大量时间逛遍家具市场，购买自己最满意的家具。

在小团队管理中，如果能够让员工拥有参与感，那么这个团队就是员工心目中自己购买的房子。

满足员工参与感主要做好以下五点：

要有足够的授权

如果团队领导者把权力紧紧地抓在自己的手里，什么事情都要自己说了算，要经过自己的批准，那么员工的参与感就会大大地降低，甚至是事不关己，高高挂起。所以，要为员工提供足够的用以做决策的权力。比如，工作方法、客户服务等。

海底捞是全国有名的火锅连锁店，其普通服务人员就拥有很大的权力，能够为顾客打折、赠菜、送小礼物，甚至是免单。所以，海底捞的员工拥有很强的参与感，工作积极性和忠诚度都非常高。

让决策更民主

小团队人少，沟通成本低，更容易做到让决策更加民主。在决策的过程中，可以让所有员工参与进来，共同讨论，献计献策。这样做并不会降低领导者对团队的控制，反而会让员工对领导更加信任和尊敬。

尽量开放信息

信息对问题的讨论以及最后做出有效的决策有重要的作用。团队领导应该确保诸如业务数据、竞争状况等的关键信息能顺利地流向员工，让员工对情况有足够的了解，这样才能使员工的参与更具有意义。

提供报酬和奖励

报酬和奖励对员工参与的积极性有很大的促进作用。这会使得员工在精神和物质两方面获得满足,这种双重的激励效果会非常好。

及时庆祝

在一个项目或者计划取得阶段性的胜利之后，要及时组织庆祝活动,并且要每个员工都参加。这里强调两点 :及时和全体。“及时”是因为胜利感具有一定的时效性，如果拖得时间太久，胜利感就会减弱 ;“全体”是因为需要每个员工都参与到这个过程中，共同分享团队的胜利感，团队的荣誉即个人的荣誉，做到一荣俱荣。对于员工而言，通过自己的参与而取得胜利非常有意义，会产生强大的自豪感和责任感。

实战要点

参与感不仅可以增强团队内部的沟通与协调能力，还可以满足员工的心理需求，提高他们的工作积极性和能力，使他们在工作中取得更好的成绩。

召开“能量扩散会”

开会是激励员工的有效方式之一，其原理在于：作为个体时，人们往往比较懒散，而作为集体时，人的情绪和行为就容易被传染和改变。

在小团队管理中，我们可以通过开会，让正能量在员工之间激荡、传播，从而调动其工作的积极性和热情。这种会议就叫作“能量扩散会”，其形式包括晨会、周例会、月度激励会、主题动员会、脑力激荡会、员工座谈会等等。

晨会

早晨上班前开个小会是许多团队的惯例，特别是从事销售、服务的团队。晨会以激励为主要目的，通过讲话、游戏、做操、唱歌等方式把员工的情绪调动起来，让员工保持高昂的工作状态，为当天的工作开一个好头。

通常情况下，从休息状态转入工作状态需要一个过程，而晨会刚好能够起到一个过渡的作用。

周例会

周例会通常有两个时间，不是周一就是周五。其主要目的是对上一周的工作进行总结，对下一周的工作进行布置。更重要的是起到激励作用，奖励先进，鞭策后进，让员工以更饱满的精神状态做好下一周的工作。同时，也是解决实际性的问题，扫清工作上的障碍。

需要注意的是，因为周例会的开会频率较高，容易让员工产生厌烦，所以要不断调整开会的方式，不能像流水账一样，成年累月地按照一个程序进行。还有一种情况，周例会就是领导训话会，整个过程就是领导者一个人在发言，一会儿批评这个，一会儿批评那个。这样的周例会没有任何激励效果，只是在浪费大家的时间。

月度激励会

月度激励会通常会在月末或者月初进行。其目的有三个：一是对上一月的工作进行总结，对下一月的工作任务进行安排。二是促使员工之间更加团结，拉近员工与团队的距离。三是培养员工的责任心，增加其忠诚度，激发其工作热情。

在月度激励会上，可以设置“月度优秀员工奖”和“月度进步员工奖”，对当月表现优异的员工进行奖励，奖品包括现金、礼品等。

还可以做游戏，促进员工之间的关系，提升信任度，增强团队凝聚力。

同时，团队领导必须要讲话，激励员工。

主题动员会

这一般是针对某件事情或者某个项目、计划而专门召开的会议。其目的是统一思想，统一认识，为员工打气鼓劲儿，增强员工的信心。

在主题动员会上，有两个方法能够起到巨大的激励作用，一个是“立军令状”，另一个是设立“目标完成倒计时牌”。

员工座谈会

员工座谈会一般比较轻松，主要是为了全面了解和关心员工的动态，促进员工对团队的认可，提升员工对团队的忠诚度和归属感，调动员工的工作积极性和主动性。

在开会的过程中，要尽量创造轻松愉快的氛围，让员工敞开心扉，说出心里话。对员工提出的问题和困难，无论是思想上的还是生活、工作中的，都要非常重视，积极对待，及时解决。

脑力激荡会

脑力激荡，就是要让大家的思维碰撞出火花，形成思维旋风，迸发出好点子、好建议。这种会议适用于创意性的小团队，比如策划、研发、销售等需要创新的小团队。

在会议上，要鼓励员工摆脱平常的工作，抛开日常压抑和束缚，跳出原来的框架，天马行空，大胆想象和发言。

实战要点

召集员工开会要注重实效，不能走过场，走形式，否则就是浪费时间和精力。因此，一定要做好会议记录落实跟进。

给落后的员工一点儿掌声

激励最基本的方式有两种——奖励和惩罚。对于优秀的员工，往往会给予奖励，对于落后的员工，往往会给予惩罚。

然而，对于落后的员工，不能单一地采用惩罚的方式，还要结合正面激励的方式。惩罚确实有一定的作用，会督促员工改进提高，但同时也在员工的内心埋下了怨恨的种子，只要有合适的机会，这粒种子就会发芽，给团队造成巨大的伤害。

网上曾经有人发布视频爆料，山西一家银行因为员工绩效考核不合格，就通过当众打屁股的方式对其进行惩罚，即使女员工也未能幸免。

这种方式会使人产生强烈的屈辱感，虽然会促使受罚的员工努力提升绩效，但更多的是激起其心中的不满和怨恨。

所以，在小团队管理中，要给落后的员工一点儿掌声，不能把他们完全一棒子打死。

行为科学中有一个“保龄球效应”，其意思是说，鼓励比指责更有效。这个效应来自一个著名的实验：

甲乙两名保龄球教练分别训练各自的队员。他们的队员都是一球打倒了 7 只瓶。教练甲对自己的队员说：“很好！打倒了 7 只。”他的队员听了教练的赞扬很受鼓舞，心里想，下次一定再加把劲儿，把剩下的 3 只也打倒。教练乙则对他的队员说：“怎么搞的？还有 3 只没打倒。”队员听了教练的指责，心里很不服气，暗想，你咋就看不见我已经打倒的那 7 只？结果，教练甲训练的队员成绩不断上升，教练乙训练的队员打得一次不如一次。

其实，在小团队管理中也一样，对于落后的员工，鼓励比指责更能激发其努力工作。我们要多看到他们的优点，也许他们不像其他员工一样优秀，只取得了有限的成绩，但如果我们能够多给予鼓励，那么，他们就会获得信心，不断进步，最终成为优秀的员工。如果只是一味地指责，那么他们有可能会倒退，甚至是破罐子破摔。

多一点儿掌声，就多一点儿信心；多一点儿掌声，就多一点儿进步。

当然，给予落后员工鼓励，也不能一刀切，不分青红皂白就竖起大拇指，大肆赞扬，也要分具体的情况，分别对待。

通常，落后的员工可以分为三类：能力不足，态度消极；能力不足，但态度积极；能力很强，但态度消极。

针对这三种类型的员工，可以按照如下原则处理：

第一，能力不足，但态度积极的员工。

这类员工要在鼓励的同时给予帮助和提高的机会。比如对其进行专项培训，或者指定优秀的员工对其进行帮带，或者调动岗位，让其在能力要求低的岗位上获得锻炼和提升。

第二，能力不足，态度消极的员工。

这类员工可以先进行鼓励，调动其积极性。如果能够调动起来，就可以参照第一类员工进行处理。如果无法调动起来，就直接辞退。

第三，能力很强，但态度消极的员工。

这类员工要先了解其消极的原因，判断能否采取措施调动其积极性。如果觉得可以调动，那就要多加鼓励，并采取相应的措施。如果觉得无法调动，可以给予一定时间的考察期，然后决定是否辞退。毕竟能力很强的员工是人才，要想办法用起来，不要轻易放弃。

实战要点

掌声是催促员工奋进的“鼓声”，特别是落后的员工更需要这个。要知道，每个人都有自尊心，都希望自己优秀，没有哪个人愿意做落后者。

巧用“加薪减时”

薪水的增加或者减少会对员工产生很大的影响，所以它也就成了激励员工的重要手段。

麦考密克公司在美国很有名，其创始人W·麦考密克制造出了世界上第一台收割机。在该公司成立之初，发展非常快，经营状况很好，员工收入和企业利润的增长都比较快。但是，W·麦考密克是个个性豪放、带有浓厚江湖义气的企业家，随着社会经济的发展，他的经营理念和方式逐渐无法适应时代要求，即使他努力经营，公司仍然陷入困境，濒临倒闭。

正在这时，W·麦考密克得病去世，公司总裁由C·麦考密克继任，人们希望他能重整旗鼓，恢复公司的元气。C·麦考密克胸怀壮志，表示一定会拯救公司，带领公司走向辉煌。然而，他上任后的第一项措施就让人大吃一惊。

C·麦考密克宣布：自本月起，全体员工薪水每人增加10%，工作时间适当缩短。在公司如此困难的情况下还加薪减时，公司能够承受得住吗？人们不禁纷纷质疑。C·麦考密克不为所动，坚持这样做，并号召大家："本公司生死存亡的重任落在诸位肩上。我希望大家同舟共济，协力渡过难关。"

对于员工而言，这简直是意外的惊喜，他们几乎不敢相信自己的耳朵。他们被新总裁的决定感动了，士气大振，拼命努力工作，公司上下的面貌焕然一新。在大家的共同努力下，公司很快扭亏为盈，重新走上了快速发展的道路。

同一个公司，不同的措施，效果截然不同，这就是巧用"加薪减时"的威力。在许多公司里面，面临困境，往往会选择减薪加时，而C·麦考密克却反其道而行之，给予员工最大激励，最终成功了。在小团队管理中，这种方法完全可以借用。

薪酬对员工极为重要，它是员工生存的最大依靠，也是员工自我价值感满足的来源。因此，薪酬在很大程度上影响着员工的情绪、积极性和能力的发挥。心理学家研究表明，当一名员工处于较低的岗位时，他会积极表现，努力工作，一方面提高自己的岗位绩效，另一方面争取更高的岗位级别。在这个过程中，他会体验到由于晋升和加薪所带来的价值实现感和被尊重的喜悦，从而更加努力工作。

另外，有一个国外民意调查组织在研究以往20年的数据后发现：所有的工作分类中，人们都将工资与收益视为最重要或次重要的指标。工资能极大地影响员工的行动和工作绩效。所以，在小团队管理中，薪酬可以作为激励员工的首要手段。

对于员工来说，工作时间也很重要，没有人愿意长时间地工作。所以，要尽量减少员工的工作时间，而提高其工作效率。现在，有些公司实施“弹性工作制”。这是一种比较好的方式。

实施“弹性工作制”能够使员工在时间、金钱、家庭与工作之间获得最大的平衡。这样员工既可以把工作做好，又能兼顾家庭的需要，体现出公司对员工的充分信任和关怀，也有利于调动员工的积极性。同时，这种制度能够因势利导，为企业节省管理费用，大大提高员工的工作效率。

工作时间的长短并不是最重要的，工作的效率以及最终的成绩才是最重要的。比如加工零件，甲 10 个小时加工了 80 个，乙 7 个小时加工了 90 个。那么乙绝对是团队最需要的员工。如果工作不认真，敷衍了事，投机取巧，或者方法有问题，那么，即使工作了再长的时间也无济于事。所以，减少工作时间，让员工在有限的时间内高效工作，比让员工在疲惫和抵触中无休止地加班效果要好得多。

在小团队管理中，加薪减时是一种有效的激励方法，可以激发员工的工作热情，使其工作更出色、更卖力。

实战要点

对员工的激励，不要只是一味地施加压力，让其努力，有的时候，减压也许效果会更好。

适当地给员工“戴高帽子”

人人都有虚荣心，这是人性的弱点。在小团队管理中，就可以利用人的这个弱点。比如对员工的夸奖和赞美,会起到激励的效果。这里的赞美和夸奖通俗地说，就是“戴高帽子”。

通常人们以为，“戴高帽子”适合于下级对上级使用，其实，上级对下级也可以使用，而且效果会更好。

高小凤是一家调味品公司销售部的经理。虽然高小凤是女性，但销售部里七八个男员工对她很敬佩。高小凤在团队管理中经常使用“戴高帽子”的激励方法。

一次，销售部新来的员工在跑市场屡遭失败后，对自己的销售技能几乎丧失了所有的信心。高小凤得知此事后，找到这位销售员并对他说：“你以前那个公司的经理我认识，在一次闲聊中他提起你，说你是很有闯劲儿的小伙子。他认为把你放走是他们公司的一个不小损失呢……”听了这话，这位销售员心头那快熄灭的希望之火又重新燃烧了起来。

在以后的工作中，这位销售员对市场进行了冷静而深入的分析，并再次走访了许多客户，最终打开了缺口，销售业绩直线上升。

其实高小凤根本就没有与那位销售员的前任经理聊过天，只是她发现这个销售很有潜质，便利用“戴高帽子”的方法使他找回了丢失的自信，重新获得努力的动力。

无论是谁，都渴望得到别人的赞美和肯定，所以人们都喜欢被别人“戴高帽子”，而送“高帽子”正好迎合了人们的这种欲望。恰到好处地给人戴顶高帽，高兴的是别人，有利的是自己，双方都有所得，何乐而不为呢?

但是，戴高帽并不是一件简单的事情，戴好了，当然会起到事半功倍的效果,如果戴得不好,可能就会得不偿失了,需要仔细斟酌。

在小团队管理中，给员工戴高帽的首要条件，是要有一分诚挚的心意及认真的态度，让员工在不知不觉中接过了你送上的高帽，并且很乐意戴上。

另外，在给员工戴高帽子的时候，还需要注意以下事项：

第一，戴高帽子要有一个度，不要夸大其词，过度的、不切实际的高帽子只会起到相反的效果。

比如员工对电脑行业并不是特别了解，而你却对他说：“听说你对电脑有研究，你能给我谈谈近期电脑行业的发展状况吗？”

第二，有时戴高帽子也可以用间接的方式，如果你刚接手一个团队，便对一位员工说：“我听小刘说，你这个人人缘很好，爱交际，做事稳重，咱们做个朋友吧，一起为团队努力。”听者心里一定很高兴，即使他并不如你口中所说的那么好，但他一定会尽力朝着你所描述的那个方向努力的。

第三，采取新颖的形式戴高帽子。如果一个团队领导者一再提及一个员工，对他是一种莫大的鼓励和恭维，提到某人以前讲过的事，也是对他的一种激励，因为这表示你曾认真听过他的讲话，并记在了心里。

第四，有的时候，在背后给员工戴高帽的效果会更好些。背后颂扬员工的优点，比当面表扬更为有效。在员工看来，这才是发自内心的表扬，而不是因为什么目的。

总之，“戴高帽子”是一门高超的激励艺术，如果能够戴得恰到好处，戴得天衣无缝，会有相当不错的效果。能够熟练地掌握这门艺术，一定会成为一个优秀的团队领导者。

实战要点

给员工“戴高帽子”，不能给人以奉承、低三下四的感觉，要注意自己的身份，要戴得自然，平易近人。

在小团队管理中，“戴高帽子”并不是那种不切实际的夸大、阿谀奉承、溜须拍马，而是根据员工的实际情况的真诚夸奖。

表明对员工的期待

期待是一种力量，能够让员工努力工作。所以，在小团队管理中，要善于运用期待。比如，“我很看好你，希望你在年底评上优秀员工。”“你完全可以成为我的副手，好好干！”“这个项目就靠你了。”

1968 年，美国著名心理学家罗森塔尔和他的助手到一所小学里面，对这所学校 18 个班的学生做一项心理学实验，实验叫作“未来发展趋势”。在经过一系列的测试和实验之后，罗森塔尔留下了 10 个学生的名单。他把这份名单交给了这所学校的校长和老师，并告诉他们，这10个学生是实验中找到的天才，未来的成就不可限量。

一年后，罗森塔尔再次来到这所学校，之前留下的名单里面的 10 个学生果然在班级里面成绩名列前茅，校长和老师们对他的测试结果纷纷表示信服。

但这时罗森塔尔告诉大家的真相是：一年前，他在这所学校所选出来的 10 名学生只是随意挑选的普通学生而已，有些甚至是当时班级里的差生。就在校长和老师们难以相信的时候，罗森塔尔说出了心理学界的一句名言：“你认为他是天才，他就是天才！”

原来，校长和老师在拿到“天才”的名单后，纷纷对名单上的学生给予了更多的关注、肯定和期待，这些学生因为得到更多的期待而变得更加优秀。

这就是著名的“罗森塔尔效应”。期待会让人产生自信、激情和发奋努力的动力。

在小团队管理中，也可以运用“罗森塔尔效应”，给予员工更多的肯定和期待。比较差的员工会在期待中变得优秀，优秀的员工会在期待中变得更加优秀。

也许有些领导者会认为，对于那些普通的，甚至是很差劲的员工有什么好期待的，他们有什么值得期待。如果这样想那就大错而特错了。首先是要知道，每个人都有缺点，也会有优点，每个人都有潜力，只是没有被激发出来而已。只要采取正确的引导方法，人人都会变得优秀。另外，对于不优秀的员工，如果不给予期待，而是给予蔑视、讨厌、不喜，那么，他们就会彻底没有了希望，会越来越差，最终完全脱离团队。

也许有些领导者会有一些担心：给予员工肯定和期待，他们会不会自我陶醉，滋生惰性，骄傲自满，不思进取？其实这种担心是多余的。无论是新员工还是老员工，也无论是男员工还是女员工，面对领导的期待，最先产生的一定是正能量，是发奋努力的激情。也许他们会有一些小得意，或者是骄傲，但如果在旁边进行适当的引导，那就不会出现太大的问题。

当我们表明对员工的期待时，就会给予员工很大的激励。任何人都希望得到别人的肯定、关注和信任，这是人性，是人与生俱来的心理需求。所以，千万不要吝啬自己的期待。

实战要点

一定要去欣赏员工，一定要肯定员工很能干，那么，他们就会在你的期待中真的变得越来越能干。

要把对员工的期待说出来，这样效果最好。

巧妙营造“危机感”，杜绝散漫

缺乏危机感的团队会是什么样呢？我们来听听一位职场人的叙述：

我在一家家具企业上班，总部有480人，部门设立较多。由于公司倡导的是家人文化，把每一位员工当作自己的家人来对待和关怀，员工如果犯错，大多是以说服教育为主，只要员工不申请离职，公司是不会开除员工的。

但是，这也养成了一些员工不好的习惯，态度散漫，没有危机意识，工作效率低，管理人员不作为……这些不好的习惯在公司蔓延开来，代代相传。例如说公司规定下午 1 点上班，可有些员工 1 点 20 分才晃晃悠悠地从宿舍走出来；有时去上个厕所，又要两三个人结伴而行。

现在，总经理觉得人员多、效率低，希望通过一些方法来提高大家的工作效率。我们曾经尝试过改变，但是没效果，而且导致员工抱怨纷纷。

像这样的企业，员工太安逸了，没有丝毫的危机感，自由散漫，效率低下，最终很难生存，会很快被市场的洪流冲得无影无踪。

一直以来，工作稳定是员工的愿望，但是，如果这种稳定让员工认为团队“欠”他们的，没必要靠努力工作获得报酬，那么，他们的效率必然会降低。所以，必须营造一些“危机感”，刺激员工努力工作。

现代心理学研究表明，在面对危险的时候，人们会有异乎寻常的表现：一是会不遗余力地奋勇求生，为此可以发挥难以想象的潜能和勇气；二是会自动放弃平日的偏见与隔阂，高度的团结一致、协同合作，从而爆发出超常的团队力量，取得难以想象的成绩。所谓“置之死地而后生”就是这个道理。所以，在小团队管理中，完全可以有效地利用危机来激励员工，这不仅可以成为团队发展的机会，而且可能使之转化为团队的优势。

有一个关于成吉思汗的故事。那个时候，他还很年轻，也没有带兵。他们部落的马群每天总是不和睦，互相撕咬踢打，管理马群的人也没有什么好办法。后来，成吉思汗接手管理马群。他抓了一匹狼放入马群。面对外来的威胁，马群再也不内斗了，而是抱成一团，团结一致对付狼。后来成吉思汗用同样的道理带兵打仗，获得了巨大的成功。

人都是有惰性的，只要处于安稳的环境，这种惰性就会慢慢地滋生，吞噬人的激情和斗志，让人安于现状，不愿努力，不愿创新。在小团队中，如果让这种惰性在员工中蔓延，将非常危险。这时，主动营造“危机感”是最佳选择。

作为小团队领导者，通常可以使用以下方法来巧妙地营造“危机感”。

挪威人喜欢吃沙丁鱼，尤其是活的沙丁鱼。市场上活沙丁鱼的价格要比死沙丁鱼的高许多。所以渔民总是想方设法地让沙丁鱼活着回到渔港。可是，虽然想了很多办法，经过种种努力，但绝大部分沙丁鱼还是在中途因窒息而死亡。然而，却有一条渔船总能让大部分沙丁鱼活着回到渔港。人们都想知道这个秘密，但船长却死活不说，直到他去世谜底才彻底揭开。原来，这位船长的方法很简单，就是在装满沙丁鱼的鱼槽里放进了一条以鱼为主要食物的鲶鱼。鲶鱼进入鱼槽后，由于环境陌生，便四处游动。沙丁鱼见了鲶鱼十分紧张和害怕，便左冲右突，四处躲避，加速游动。这样沙丁鱼中途容易死亡的问题便解决了，因为这些沙丁鱼必须拼命保持活力，否则就会被吃掉。这就是著名的“鲶鱼效应”。

“鲶鱼效应”完全可以运用到小团队管理中。当团队缺乏活力的时候，就可以招聘新员工，给老员工增加压力。特别是一些工作能力很强的新员工，就是很迅猛的“大鲶鱼”，可以刺激老员工努力工作，提升效率。这样就能在团队中营造出你追我赶的良好氛围。同时，要注意对新员工的保护，防止老员工群起而攻之，排挤“异类”。

末位淘汰制

末位淘汰制是一种强势管理，甚至有些残酷，但激励效果确实很好。这种制度是对员工潜力的最大挖掘。

华为公司实行的就是末位淘汰制。在华为公司，每年都要淘汰绩效考核最后 5% 的员工。

“一方面，末位淘汰不仅可以使绝大部分员工自身产生一种无形的压力和巨大的动力，保持组织的活力，使每个人时刻保持危机意识、干劲儿、冲劲儿和战斗力；另一方面，对落后、懒惰、绩效一直非常差者的淘汰，也是对优秀人员的一种激励，淘汰落后员工也就是保护优秀员工，否则就是对优秀员工的一种打击。”这是华为创始人任正非实施末位淘汰制的原因。

当然，华为的末位淘汰制并不是把最后 5% 的员工辞退，而是让这些淘汰的员工“下岗培训”。培训完以后，再让这些员工应聘公司新的职位。如果能够在新的职位做出优异的成绩，照样还可以获得提拔。

末位淘汰制优点非常明显，但同时也有缺点，在使用的时候要慎之又慎。特别是小团队，本身就人少，极易造成团队不稳。所以，一定要制定科学合理、大家都认可的考核办法，并妥善处理被淘汰的员工。

实战要点

制造危机感的前提是要有足够的筹码，比如团队的薪资待遇福利够高，或者团队的前途很好等，否则会适得其反。

小团队管理实战训练：面对员工的抱怨，如何应对

在工作中面对员工的抱怨是极其平常的事情。重要的是面对这种情况时如何处理。

其实，团队管理的职能之一就是发现问题，而抱怨正是问题的重要表现形式。

在小团队管理中，正确应对员工抱怨的方法有三个。

第一，要重视员工的抱怨，不能粗暴简单地对待。

员工抱怨是不满情绪的发泄。员工都是有血有肉、有感情的人，无论是谁都会因为某种事情而产生抱怨的情绪。所以，作为小团队领导者，不能对员工的抱怨置之不理，或者简单粗暴地制止，甚至认为员工侵犯了自己的权威而“不管有理无理先打五十大板”。

如果这样做了，确实是听不到员工的抱怨了，但为团队埋下了巨大的隐患。员工嘴上不抱怨，但不等于抱怨消失了，最终日积月累的抱怨会以一种更具有破坏性的形式发泄出来。

第二，积极沟通，找到原因，一起解决。

正确的方法是调整好心态，与员工进行开诚布公的交流沟通，了解员工抱怨的问题是否真实存在。

如果问题不存在，只是员工心理不平衡，为了发泄情绪，那么就要大度一点儿，给予员工解释，帮助其疏通不快和郁闷。

如果问题真的存在，那么就要深入探讨，具体情况具体对待，想出解决的办法，制订可行的方案。

第三，告诉员工，以后遇见问题，不要选择抱怨，可以直接与团队领导沟通。当然，作为团队领导，要用切实的行动让员工愿意相信你，有问题向你反映，而不是选择发牢骚和抱怨。

其实，应对员工的抱怨，和治水是一个道理，重在疏导，而不是封堵。只要措施得当，就完全可以化弊为利。

第八章

怎样说员工才愿意听，怎样听员工才愿意说

倾听是沟通的右手，说服是沟通的左手。在小团队的沟通中，因为人少，常常可以使用“一对一”的模式。这种模式最能很快起到作用。当然，在沟通的过程中，各种技巧要充分运用起来。

措辞上小改变，团队大改变

在沟通的过程中，措辞非常重要，也许一个小小的变化，就能起到良好的效果。同一件事，采用不同的措辞就会有不同的结果。

有个教徒在祈祷时来了烟瘾，他问在场的神父："祈祷的时候，可不可以抽烟？"

神父回答说："这是对神的不尊敬，不行！"

另一个教徒也想抽烟，他问在场的神父："吸烟的时候，可不可以祈祷？"

神父回答："这是时刻不忘祷告，可以。"

这就是语言的艺术。不同措辞获得不同的结果。所以，在小团队内部沟通时，一定要注意措辞的使用。

不要打官腔

在与员工沟通的时候千万不能认为自己是领导，摆领导架子，打官腔。

什么叫打官腔呢？顾名思义，就是用官场上的规章和手续等冠冕堂皇的理由来推诿或责备别人。明明简单明了的事情非要上升到制度、原则上，非要变得神秘、复杂，说白了就是要刁难人，抑彼扬己罢了。

对于员工而言，最讨厌领导打官腔了。遇见这样的领导，他们就会能应付就应付，能敷衍就敷衍，绝对不会真心实意地与之沟通交流。

多用“我们”，少用“我”

在与员工的交流中，要多用“我们”，少用“我”。这虽是一字之差，但给员工的感受却有巨大的差别。“我们”表示大家是一个团队，在一条战线上，在一个战壕里，是共同努力的伙伴，是一起前进的同事；而“我”则显得比较自我，把领导与员工划分开了，无形中拉开了彼此的距离，弱化了团队的凝聚力。

多鼓励，少批评

在与员工沟通的过程中，鼓励的语言往往比批评的语言更有效果，更能轻松地解决问题。特别是对一些新加入团队的员工，就要更多一些鼓励和引导。

比如，招聘了一个刚毕业的大学生开始从事检验工作。他特别用心地做了三天，但还是会出现小失误，这时管理人员应该怎么说呢？

一种是：“你把这些产品拿回去，全部重检一遍，如果再出错就去插架吧，这个岗位让新来的小李做好了。”

另一种是：“你有没有发现，你漏检的产品有什么共性？你漏检的产品主要是划伤和脏污问题，是不是培训的时候对不良标准没有记清楚？其他不良你都检出来了，说明你还是认真的，我让领班再给你示范几次，你注意记录一下。如果有不明白的地方，就大胆问。好吗？”

一个刚毕业参加工作的学生，根本没有相关经验，在与之沟通时就要多鼓励，少批评。如果使用第一种沟通方式，就会严重地打击其自信，使之对团队产生抵制情绪。而第二种方式就好很多，既让员工认识到自己的错误，又让他知道了正确的方法，非常有利于以后的工作。

三明治批评法

有的时候，确实需要对员工进行必要的批评，这时可以使用三明治批评法。

什么是三明治批评法呢？这是指把批评的内容夹在表扬之间，从而使员工愉快地接受批评。其模式是表扬—批评—再表扬。大家都应该吃过三明治，知道它的构造，上下两层是面包，中间夹一层肉。三明治批评法就是如此，上下两层是表扬、肯定、认同，而中间则是批评、建议。这种批评法不会挫伤员工的自尊心和积极性，能使其在不知不觉中接受批评，并改正自己的错误。

比如，“你这一段时间的工作不错，项目推进速度很快……但是,应该在质量方面再多下些功夫……你很有能力,一定会做得更好。”

总之，在沟通的过程中，只要在措辞方面多注意一些，就一定能够管理好团队，使团队越来越优秀。

实战要点

不要小看语言细节的改变，这往往会在潜移默化中影响员工的心理，最终给团队带来巨大的进步。

搞“一言堂”带不好团队

集思广益的道理大家都明白，也知道多听取他人的建议能够克服自身的不足，但在小团队的实际管理工作中，许多人会独断专行，大搞“一言堂”。这其实就是人性的弱点，谁也不喜欢听到反对的意见，谁都想大权在握，按照自己的意志行事。而且，作为领导者，往往是非常自信的人，认为自己绝对正确，认为员工不如自己，提不出什么好的方案，所以就不愿意听员工的意见。

其实，并非是员工没有能力，而是不敢提出解决的方案或者是不想提出来，因为他们知道，即使自己提出解决的方案，都会被领导否决。

俗话说“三个臭皮匠顶个诸葛亮”。在团队中大搞“一言堂”，就是抑制了员工的创造性和积极性，放大了领导的权威，这样很容易出现问题。由于员工都不发表意见，那么就会把很多问题隐藏起来，久而久之团队一定会垮掉。

奇虎360公司董事长周鸿祎曾说："一个孤胆英雄，一个人独揽大局，就算他再强，但总是'一言堂'，一个人的决策难免有失偏颇，这种团队也很难成功。就像一部电影，其他人都是跑龙套的，也没有好的导演编剧来配合，就一个明星，那么他浑身是铁也打不了几根钉子，肯定拍不出好电影。"

所以，要想带好小团队，就必须杜绝"一言堂"。那些优秀的团队内部一定是广开言路，集思广益，充分发挥每一个员工的能动积极性的。

谷歌是全球最大的搜索引擎公司。在谷歌的团队内部，讨论环境非常好，真正做到了公平、平等。团队领导的主要作用是为团队提供服务，让团队确保拥有足够的资源，而不是利用自己的权威来做决策。团队的决策是由大家讨论来做出的。所以，在谷歌团队内部流行一句话："经理需要为工程师提供制胜的资源，然后躲一边去。"

在谷歌团队内部讨论的时候，领导者从来不扮演决策者或者仲裁者。比如，团队内部5个员工正在展开讨论，领导者加入后一定是第6个讨论者，而不是一个领导与5个讨论者。而且，在讨论的过程中，领导者的言论不占有任何优势，也没有人会按照领导者的意见去做，除非领导者的意见获得了其他5个讨论者的认可。

谷歌团队内部真正平等的讨论环境极大地调动了员工的创造性

和积极性。这成了谷歌快速发展的真正动力。

要在小团队内部避免“一言堂”，领导者需要从以下两个方面去做：

第一，要从内心深处认可团体的力量，明白每个员工都有巨大的潜力，只要做好引导和开发，一定会爆发出强大的力量。所以，要信任员工，尊重员工的意见。也许一个员工的意见不是很完美，但许多个员工的意见综合起来，一定会相互补充，成为一个最佳方案。

作为团队领导，如果不能从内心深处做出改变，还是想做孤胆英雄，迷恋权威，那么永远不能改变团队“一言堂”的状况。

第二，要鼓励员工多发表意见，给员工创造发表意见的机会和环境。比如：在员工发表意见的时候要注意倾听，不要随意打断；向员工多提开放性的问题，让员工畅所欲言；设立“员工意见箱”，定期收集员工的意见；即使员工说错了，也要包容，不能粗暴地打断，或者提出尖锐的批评；要时刻提醒自己：“我是来组织大家讨论的，为大家提供方便，激发大家提出意见，而不是来做领导的。”

实战要点

“员工不发表意见”是一个非常严峻的问题。这说明员工习惯于听命行事，缺乏主动性和创造性。这样的团队没有任何前途。

容忍不同意见，尊重员工发言，营造畅所欲言的团队文化是避免“一言堂”的重要方法。

“头脑风暴”让沟通无死角

“头脑风暴法”是团队沟通非常有效的一种方式。它是由美国BBDO广告公司的奥斯本首创。其主要特点就是让大家在不受任何限制的情况下坐在一起讨论，大家可以脑洞大开、天马行空、畅所欲言，多么离奇的想法都可以说。这种团队沟通是没有任何死角的，属于360度沟通，完全放开。

“头脑风暴”的激发原理有以下几点：

第一，联想反应。

新观念产生的基本途径就是联想。在集体讨论问题的过程中，每一个新观念提出来以后，都会引发他人的联想，从而产生一连串的新观念，出现连锁反应，形成新观念堆，为创造性地解决问题提供更多的可能性。

第二，热情感染。

在不受任何限制的情况下，集体讨论问题能激发人的热情。人人自由发言、相互影响、相互感染，能形成热潮，突破固有观念的束缚，最大限度地发挥创造性的思维能力。

第三，竞争意识。

心理学的原理告诉我们，人人都有争强好胜的心理，在有竞争意识的情况下，人的心理活动效率可增加50%或更多。其实，不受限制的集体讨论就是在调动大家的积极性，让大家争先恐后，竞相发言。对于参加讨论会的人来说，看到别人提出了新观念、新观点，那么自己也不能落后，必须开动脑筋，想到更独到的见解，更新奇的观念。

第四，个人欲望。

在集体讨论解决问题过程中，个人的欲望自由，不受任何干扰和控制，是非常重要的。头脑风暴法有一条原则，不得批评仓促的发言，甚至不许有任何怀疑的表情、动作、神色。这就使每个人都能畅所欲言，提出大量的新观念。

关于“头脑风暴法”有一个非常经典的案例。

有一年，美国北方格外严寒，大雪纷飞，电线上积满冰雪，大跨度的电线常被积雪压断，严重影响通信。过去，许多人试图解决这一问题，但都未能如愿以偿。后来，电信公司经理应用奥斯本发明的头脑风暴法，尝试解决这一难题。他组织了一个团队，成员是不同专业的技术人员。他把大家召集在一起利用头脑风暴法开会。会前，他要求成员必须遵守四个原则：自由思考、延迟评判、以量求质、结合改善。

按照这种会议规则，大家七嘴八舌地议论开来。有人提出设计一种专用的电线清雪机；有人想到用电热来化解冰雪；也有人建议用振荡技术来清除积雪；还有人提出能否带上几把大扫帚，乘坐直升机去扫电线上的积雪。

对于这种“坐飞机扫雪”的设想,大家心里尽管觉得滑稽可笑,但在会上也无人提出批评。这时，有一位工程师在听到用飞机扫雪的想法后，似乎陷入了沉思，突然，他的大脑受到启发，灵机一动，一种简单可行且高效率的清雪方法冒了出来。他想,每当大雪过后，如果出动直升机沿积雪严重的电线飞行，就能依靠高速旋转的螺旋桨吹落电线上的积雪。他马上将自己的这个想法说了出来，顿时又引起其他与会者的联想，有关用飞机除雪的主意一下子又多了七八条。不到一小时，与会的 10 名技术人员共提出 90 多条新设想。

会后，公司组织专家对设想进行分类论证。专家们认为设计专用清雪机，采用电热或电磁振荡等方法清除电线上的积雪，在技术上虽然可行，但研制费用大，周期长，一时难以见效。那种因“坐飞机扫雪”激发出来的几种设想，倒是大胆的新方案，如果可行，将是一种既简单又高效的好办法。经过现场试验，发现用直升机扇雪真能奏效，一个久悬未决的难题，终于在头脑风暴会中得到了巧妙的解决。

“头脑风暴法”能够充分调动人大脑思维的积极性，使得讨论的问题出现了无限解决的可能，虽然绝大多数不靠谱，但只要出现了一种好方法就达到了开会讨论的目的。

在小团队管理中,运用“头脑风暴法”往往会取得不错的效果。

有一个蛋糕厂，核桃仁是主要原料之一，但是其核桃裂开的完整率非常低。为了提高这一比率，厂子组织了一个攻关小团队，团队成员 10 个人，但并不都是技术人员，还包括了普通员工。这个小团队进行了一次小型的头脑风暴会议。会议开始后，大家提出了许多奇思妙想，最后归纳总结了近100条新设想，但似乎都没有实用价值。其中有一个人提出："培育一个新品种，这种新品种在成熟时，自动裂开"。当时大家认为这是天方夜谭，但有人利用这个设想的思路继续思考，想出了一个核桃被完好无损取出而简单有效的好方法：在外壳上钻一个小孔，灌入压缩空气，靠核桃内部压力使核桃裂开。结果，这个厂子提升核桃开裂完整率的难题解决了。

在召开"头脑风暴"会议前，需要做一些准备，否则，最终的效果会大打折扣。首先，要明确会议主题，让参加的人都知道讨论的目的是什么，这样大家就会有一个心理准备。其次，要选好主持人。这个人可以是团队的领导，也可以是团队的资深员工，能让大家信服。更为重要的是，这个人要懂得"头脑风暴法"的操作要点和技巧。再次，可以准备一些茶点、干果，让会议的氛围更加随意活跃，便于参会者自由放松。最后，需要在开会前对参会者进行简单的训练，避免出现大家在讨论的过程中对别人提出的想法进行批评的情况。因为批评或反对别人是许多人的习惯。

"头脑风暴法"还必须遵循一定的原则：

原则一：自由畅谈

参加者不应该受任何条条框框限制，放松思想，让思维自由驰骋，从不同角度、不同层次、不同方位，大胆地展开想象，尽可能地标新立异，与众不同，提出独创性的想法。

原则二：延迟评判

头脑风暴，必须坚持当场不对任何设想做出评价的原则，既不能肯定某个设想，又不能否定某个设想，也不能对某个设想发表评论性的意见。一切评价和判断都要延迟到会议结束以后才能进行。这样做一方面是为了防止评判约束与会者的积极思维，破坏自由畅谈的有利气氛；另一方面是为了集中精力先开发设想，避免把应该在后阶段做的工作提前进行，影响创造性设想的大量产生。

原则三：机会均等

要引导和激发每个人都发言，不能几个人非常活跃，而有些人则长时间沉默不语。这就要求主持人做好相应的工作。如果大家都非常积极踊跃，主持人就尽量少发言。如果有些人发言少，主持人引导之后还是效果不大，则可以采用轮流发言的形式，让大家一个接着一个发言。如果谁没有想好，或者没有新的想法则可以拒绝发言，然后等待下一轮再说。

原则四：禁止批评

头脑风暴法遵循的一个非常重要的原则就是绝对禁止批评。参加头脑风暴会议的每个人都不得对别人的设想提出批评意见，因为批评对创造性思维无疑会产生抑制作用。同时，发言人的自我批评也在禁止之列。有些人习惯于用一些自谦之词，这些自我批评性质的说法同样会破坏会场气氛，影响自由畅想。

原则五：追求数量

头脑风暴会议的目标是获得尽可能多的设想，追求数量是它的首要任务。参加会议的每个人都要抓紧时间多思考，多提设想。至于设想的质量问题，自可留到会后的设想处理阶段去解决。在某种意义上，设想的质量和数量密切相关，产生的设想越多，其中的创造性设想就可能越多。

实战要点

在召开“头脑风暴”会议的时候，一定要做好记录，不要让任何一个想法漏掉。

倾听比滔滔不绝更有效

人们常说：“会说的不如会听的。”确实如此，在沟通的时候，只有会听，才能更准确地把握对方的意图，更好地促使对方继续谈下去，最终达到充分交流，解决问题的目的。

古希腊哲学家希伦曾告诫人们：“不要让你的舌头超越你的思想。”苏格拉底也说：“大自然赋予我们人类一张嘴，两只耳朵，也就是让我们多听少说。”所以，作为团队的领导者，一定要牢记：很多时候，“听”比“说”更加重要。

关于“听”在管理沟通中的重要性，我们来看一个实验。

霍桑工厂是美国西方电器公司的一个分厂，位于芝加哥市郊外，主要生产电话交换机。霍桑工厂的医疗制度、娱乐设施和养老金制度等都比较完善，但是，很多工人仍然很不满意，工作积极性很低，导致工厂的生产状况越来越差。

为了找出原因，1924 年 11 月，美国国家研究委员会组织了一个由心理学家等多方面专家参加的研究小组，在这个工厂开展一系列试验研究。研究小组先后进行了四个实验：照明实验、福利实验、访谈实验、群体实验。

在这一系列试验研究中，研究小组发现，照明实验、福利实验、群体实验对生产效率的提高都不明显，而访谈实验则效果很好。

这个访谈实验是这样做的：用了两年多的时间，专家们找工人个别谈话两万余人次，规定在谈话过程中，要耐心倾听工人对厂方的各种意见和不满，并做详细记录；对工人的不满意见不准反驳和训斥。

最后，这个实验收到了意想不到的结果：霍桑工厂的产量大幅度提高。

为什么会这样呢？原来这是由于工人长期以来对工厂的各种管理制度和方法有诸多不满，但无处发泄，而访谈实验使他们这些不满都发泄了出来，他们从而感到心情舒畅，干劲儿倍增。

这就是心理学上非常有名的“霍桑效应”。

这个效应给予管理者这样的启示：懂得适时倾听的人要比只会夸夸其谈的人更受欢迎，倾听能够使自己更加了解对方的好恶，更能准确地把握对方的心理与沟通时的主动权。

因此，对于小团队的领导者来说，做一个倾听的高手，能让自己的管理工作更加得心应手。

倾听，是领导者的责任。学会倾听、主动倾听，体现着领导者的领导艺术、领导能力。作为小团队的领导者，想要建立一种威信，构建与员工之间的良好关系，就必须学会倾听。因为这样，才能够更加真实地了解员工的想法、意愿和要求，做出最正确的工作安排。同时，也能更容易发现团队管理中存在的问题，做好应对措施。

如果与员工之间产生意见分歧时，认真地倾听就更加重要了。这时，要切忌高傲自大、目中无人、以自我为中心，而应当以谦虚、诚恳、耐心的态度，把员工的话听完，不要随便打断。要对员工的意见足够重视，不能轻视。否则，就会引起激烈的争论，以至于谈话不投机，使局面变得更加尴尬。

要知道，在团队的日常管理工作中，许多问题都是由于与他人交流不畅引起的，而交流不畅问题的产生又和领导者自身不善于倾听有关。因此，领导者滔滔不绝地讲话并不能够解决问题，只有认真倾听，才能真正了解员工的想法，然后对症下药地去解决问题。

领导者在倾听的时候，还需要注意一些事项，从而保证倾听的效果更加良好。这些事项包括：

使用目光接触，以真诚、信任、鼓励、期待、理解的眼神去注视员工；

用点头微笑表示赞许；

要适当地进行回应，表明自己在认真听，并不断思考；

不要有分心的举动或手势，比如翻看资料、玩弄笔、看手机、看时间或者东张西望等，更不要抱臂、跷二郎腿或靠在椅背上，显示出一种高高在上的姿态；

要有耐心，不要随便插话打断对方；

在没有完全理解对方意思之前，不要妄加评论或者争论；

对重要的话进行复述，也就是用自己的话重新讲述对方的说话内容。

另外，在与员工沟通的过程中，避免以下三种倾听：

一是虚伪地倾听。它是真诚倾听的伪造品，通过模仿真实情况下的行为来愚弄说话者。他们在表面上很专注地听对方说话，并且还时不时地给予回应，但实际上他们脑中正在想着与沟通内容完全无关的事情，对于说话者说的内容完全没有接收。

二是选择性倾听。这是指倾听者在沟通过程中，只选择自己感兴趣的内容进行回应，而拒绝倾听其他的内容。例如，在倾听员工讲话时，只对自己感兴趣的话保持专注，而对自己不感兴趣的话选择无视。要知道，自己不感兴趣的话有可能是问题的关键，如果忽略了，那沟通的意义就不大了。

三是防卫性倾听。这是指倾听者认为别人的说话都是在攻击自己。比如在与员工沟通的过程中，听到员工的抱怨、不满，甚至是愤怒的语言，就认为这是员工对自己的指责。防卫性倾听者非常敏感，尤其对于模糊不清的信息，他们很容易认为这是对自己的攻击与伤害。

对于团队领导者而言，只有以严谨、认真、欣赏的态度来倾听员工的谈话，才能真正使团队的沟通畅通有效。

实战要点

在与员工沟通的过程中，“听”是“说”的侦察兵，只有通过倾听，才能最快地了解员工的想法，然后根据实际情况决定如何向员工说。

不要给员工讲大道理，没人听

与员工沟通，不要动不动就讲大道理。大道理谁都懂，但在实际工作中，往往就不是那么回事儿了。面对讲大道理的领导，员工都会心烦，虽然表面上不能表现出来，但在心里必然会不屑地说一句：“站着说话不腰疼。”

在团队管理中，有些领导就是爱讲大道理。可最终的结果却是员工这样说：“领导经常给我讲道理，好像他知道的东西多，我就是不懂事的孩子，特别让人讨厌。”

其实，员工需要的是实实在在的东西，而不是空泛的大道理。

对于员工，与其苦口婆心地说“好好工作”“要有敬业精神”“抓紧上班时间”“对客户要像对待上帝”，还不如采取真正有效的措施。

TLC Pharmacy 连锁药店集团是英国英格兰地区最大的专业药店连锁集团。麦伦·罗得里克在 2008 年进入该集团的连锁药店担任普通店员，凭借优秀的业绩连续攀升，在 2014 年荣升为总监助理。在荣升之前，他接受了公司最后的考验——担任格拉斯哥城的一家分店的店长。这家店长期业绩很差，他需要在一年内改变这种状况。

麦伦·罗得里克提前一天来到格拉斯哥城，但他并没有直接上任，而是把自己打扮得像一个可怜的乡巴佬一样走进了药店。店员们有的在看书，有的在化妆，有的还聚在一起讨论电视节目，竟然没有一个人主动招呼他，他随意看了看后说想买一瓶消炎药，店员却一声未吭，只是冷冷地把消炎药拿出来放在柜台上。他把消炎药拿在手上看了看后又放下说：“麻烦你拿另外一瓶给我看看好吗？”没想到那个店员眼皮都没抬一下就说：“你能不能想好再说？”一看这服务，麦伦·罗得里克当即就明白这家分店的问题所在了：第一是根本不在意形象，营业时间做私事甚至是扎堆谈论电视节目，这其实就是对顾客的极度不尊重；第二是耐心不够脾气差，对顾客非常怠慢，甚至店员还会扯开嗓子教训人，至少对穷人是这样。

有了这几个认识，麦伦·罗得里克就想好了改革之策。第二天，他正式上任后没有向店员们问责什么，也没有要求他们改变什么，而是笑笑说：“从今天起，无论在什么情况下，无论是谁，遭一次服务投诉就扣 50 英镑，一个月遭 3 次以上投诉的一律辞退，而我的手机号码将会写在门口的海报上，每个顾客都可以轻易向我反映问题！”说着，麦伦·罗得里克就拿出彩笔走到门口，把自己的手机号码写在了海报上。

就这么小小的一招，分店的面貌就完全改变了：每个员工都认真工作、热情服务，他一个投诉电话也没接到。他根据顾客资料打回访电话，也没有一个顾客有任何不满。第一个月，营业额上升了 20%，第二个月就上升了 60%，半年后甚至翻了两番。这时，麦伦·罗得里克又替他们申请到了奖金并增加了 50% 的福利，结果店员们在他的高压管理下不仅没有任何怨言，还一个个都称他为“好店长”。短短半年时间，这家分店就走上了正轨，让药店经营情况与店员收入形成了良性循环，麦伦·罗得里克成功地完成了任务。

2016 年 9 月，麦伦·罗得里克被提前调回，荣升为 TLC 连锁药店的总监助理。

对于完成提升药店业绩的任务，麦伦·罗得里克得出结论：

“任何人所知的道理都不会比你少，作为管理者，你不需要对员工们讲道理，你只需要让员工们感受到‘这次是来真的’就行了；当然，你也要用切实的好处让员工们明白‘自己才是工作的最终受益人’，这样你大致上就能管好一个团队了！”

确实，没有必要给员工讲大道理。我们每个人在小的时候都有听家长讲述大道理的感受，现在换位思考，就能明白员工面对领导讲大道理时是怎样的心情。

实战要点

不要喋喋不休，不要一副气急败坏的样子给员工讲道理。大家都是成年人，讲一些实在的，采取一些有效的措施，员工可能更愿意去听、去做。

小团队管理实战训练：如何提升沟通能力

作为领导者，沟通能力的强弱直接关系到团队管理的好坏，所以必须想办法提升自己的沟通能力。

第一，先明确目标。

目标不明确，含糊不清，往往会做无用功，所以在沟通前先要明确小团队的目标。目标管理是团队领导的重要工作之一。团队的目标最好是由团队领导者和员工共同讨论得出的。这样大家对目标的实现会更有信心，内在的动力也会更足。

当大家都着眼于团队目标的完成时，沟通就有了一个共同的基础，彼此之间的理解也就更加容易。领导者能迅速明白员工的观点和想法，而员工也会进一步了解领导者的要求和意图，双方的沟通自然会顺畅起来。

如果领导者没有让员工明确目标，那么沟通起来就会比较困难，彼此之间往往会产生误解，或者一头雾水，无法达到沟通的目的。

第二，要把握好沟通的时间和场合。

要想提升自己的沟通能力，达到良好的沟通效果，就要掌握好沟通的时间和场合。比如，当员工正准备下班回家时，你要求他与你商量提高工作效率的事情，显然是不合时宜的。员工的心已经回家了、休息了，只是身体留在公司与你交流，这会有什么效果呢？

第三，要掌握正确的沟通方法。

做任何事情都有方法技巧，与员工沟通也一样。如果沟通的方法不对，是难以达到沟通效果的。

沟通一般包括文字、声音、肢体语言三个方面。在沟通中文字占 7%，声音占 48%，肢体语言占 55%。沟通是三者的有机结合，学会有效地使用它们进行沟通，效果才会显著。所以，在与员工沟通时要注意三者的合理运用。

针对不同的沟通对象，即使是相同的沟通内容，也应根据实际情况采取不同的声音和行为姿态。比如，如果员工不太自信，比较内向，就要声音轻柔一点儿，不要显得那么强势和严厉，同时要多点头表示鼓励和赞赏，可以适当地竖起大拇指；如果员工很自信，甚至有些自负，就要严肃一点儿，适当地压制一下他的气势，让他能够听得进去你的意见和建议。

在沟通中，你可以重复员工话语中的关键内容或者将员工的讲述内容加以概括，让员工明白你在很认真地与他交流，从而提高员工沟通的积极性。

第九章

发挥团队力：不能 1+1=2，而要 1+1>2

团队力是一种强大的爆发力，具有聚能裂变效应。小团队人少，但团队力不能少。麻雀虽小，五脏俱全，小团队中，也会出现各种问题，从而削弱团队的战斗力。所以，管理者要学会破除阻力和消极因素，保证团队能力的充分发挥。

马云为什么认为“取经团队”最完美

什么样的团队最完美?

面对这个问题，可能会有许多答案。但阿里巴巴的创始人马云给出的答案是唐僧领导的四人取经小团队。

“唐僧是领导，在捉妖能力等方面是最差的一个，唐僧固执得只知道‘获取真经’才是最后的目的，孙悟空脾气暴躁却有通天的本领，猪八戒好吃懒做但情趣多多，沙和尚中中庸庸但是任劳任怨挑着担子，这样的团队无疑比‘一个唐僧三个孙悟空’的团队更能够精诚合作、同舟共济。这就是团队的精神，有了猪八戒才有了乐趣，有了沙和尚就有人担担子，少了谁也不可以，互补，相互支撑，关键时也会吵架，但价值观不变。我们要把公司做大、做好。阿里巴巴就是这样的团队，在互联网低潮的时候，所有的人都往外跑，但阿里巴巴是流失率最低的。”

在马云看来，这四个人虽然各有缺点，但相互弥补短板，配合在一起则形成了一个完美的整体。没有完美的个人，却有完美的团队。

唐僧：领导者

在取经团队中，唐僧是领导者。唐僧的缺点很明显，战斗能力太差，太仁慈。按理说这样的人无法成为团队领导，但他有一个最大的优点，就是信念坚如磐石，任何困难都无法阻挡他取经的脚步。

坚定的信念是唐僧最强大的装备，也是他成为团队领导者的最大原因。他的义无反顾、九死不悔感染了整个团队，激励团队一路向前。

面对诱惑，唐僧不为所动。女儿国国王深爱着唐僧，用尽各种方法想让他留下来，但他仍义无反顾地踏上西天取经之路。各路女妖精千方百计诱惑唐僧，但他坚守本心，丝毫也不放松。

面对危险，唐僧迎难而上。唐僧刚踏上西行取经之路，来到法门寺，寺里的僧人大谈取经的艰险，有的说水远山高，有的说路多虎豹，有的说峻岭陡崖难度，有的说毒魔恶怪难降。但唐僧并没有害怕，而是以手指心，点头微笑。在唐僧看来，只要信念坚定，一切障碍和困难都是纸老虎。

同时，唐僧也能以德服人。刚开始，孙悟空表面上同意保护唐僧取经，但内心很不屑，总觉得这个师傅不怎么样。但是，在历经多次磨难之后，唐僧的执着、善良和对他的关心感化了他，让他愿意死心塌地保护师傅。

总之，信念坚定，能够为团队把握大方向，再加上不凡的人格魅力，唐僧确实是一个优秀的领导者。

孙悟空：强力执行者

任何团队都离不开强力执行者，这类员工是团队战斗力、竞争力的最大保障。在取经团队中，孙悟空就是这样的人。

孙悟空非常优秀，是取经路上降妖除魔的主力。如果没有孙悟空，也就不会有取经的成功。但是，孙悟空也有缺点，天性顽皮，不服管教，爱卖弄，好冲动，得理不饶人。

孙悟空的优缺点都很分明，但从工作的角度来说，他的优点远远大于缺点。他可以说是领导者最喜欢的员工类型。

他的能力很强，拥有七十二变、火眼金睛、铜头铁臂，以及超级武器金箍棒，还能翻筋斗云，一下子十万八千里。许多妖怪不是他的对手。

他很重感情。他曾被唐僧赶走过两次。第一次是他打死了几个强盗，遭到唐僧斥责，结果一生气就走了，但后来听了老龙王的话，他又回到了唐僧身边。第二次被赶走是三打白骨精后，唐僧决意不留他，他无奈之下只好离去，但心中不舍，“止不住腮边泪坠，停云住步，良久方去”。后来，一听说师傅有难，他马上不计前嫌，重新回到团队中去，还要在东海里沐浴一下，生怕师傅嫌。这说明他是一个非常重情义的人。

另外，他不贪图财物，不贪恋美色，能够吃苦，敢于拼搏。

这些都表明孙悟空具有强大执行力，是团队中最优秀的成员。

猪八戒：调剂者

猪八戒的缺点太明显，好吃懒做，贪恋美色，搬弄是非，打小报告，还经常开小差，动不动就要散伙。从工作的角度来说，这样的员工在团队中一定不受欢迎。

但猪八戒也有优点。从整个团队管理的角度来说，他就是最佳调剂者。取经的途中不但危险重重，而且非常枯燥，但有了猪八戒，就有了快乐。他幽默而有情调，极大地调剂了团队氛围，使大家非常开心，使团队更加团结。

他心态乐观，随遇而安，容易满足。取经成功后，他被封为净坛使者，只是一个享受贡品的闲职，但他很高兴。这样的员工非常好管理。

当然，他的战斗力也不弱，是一个不错的帮手。而且，他在大是大非面前立场坚定，从不向妖怪妥协。

沙和尚：后勤保障者

在取经小团队中，沙和尚是一个不可或缺的角色。他虽然能力有限，没有主见，憨厚老实，有点儿懦弱，但他是一个很好的管家，是一个优秀的后勤保障者。

他任劳任怨，一直挑着很重的行李，默默奉献。而且他很细心，对师傅照顾得很好。

他忠心耿耿，当团队内部发生矛盾时，能够及时维护领导的权威。而且，他的战斗力也不弱，在关键时刻能够为团队出力。

像他这类员工往往能够获得领导的信任，成为领导心腹，但往往不会得到重用，只能作为团队的有效补充。

总之，唐僧、孙悟空、猪八戒、沙和尚代表了四类人，如果他们单独行动，就像一块块大小不一、残缺不全的拼图块，很难有作为；但如果他们组成团队，就会优势互补，成为一块完美的拼图，爆发出强大的竞争力。

其实，团队的奥秘就在于组合，在于取长补短，而取经团队正好达到了完美组合，所以马云才会说他们是最完美的团队。

在小团队的管理中，就要借鉴取经团队，从而真正提升整体能力。

实战要点

团队的真谛在于优势互补，充分发挥每个人的作用。团队中全是“孙悟空”，或者剩余三人的任意一人都不行，只有科学组合才是最佳选择。

不要让个别员工害了整个团队

有研究表明，如果一个团队里面有 15% 的员工具有负能量，那么这个团队就会非常危险。只有将具有负能量的员工的比例控制在 10% 以内，团队才安全。所以，要适时地干掉 5% 最具有负能量的员工。

这些最具有负能量的员工虽然只是极少数，甚至是个别人，但其破坏力决不能小觑。因为负能量具有极强的传染性，会引起连锁效应，给团队造成巨大损失。

管理心理学上有一个“破窗效应”，其意思是：一个房子的窗户如果完好无损，那么这些窗户会一直保持完好。但如果有一个窗户破了，没有人去修补，那么其他的窗户很快也会莫名其妙地被打破。这个效应表现在团队管理中则是：如果员工都遵守规章制度，那么就会形成良性循环。如果一个员工违反了规章制度，没有得到应有的惩罚，久而久之，就会有更多的员工违反规章制度。这样对于团队的管理以及发展是非常不利的，领导者应该避免这种现象出现。

有一家门窗制造企业，拥有 200 多名员工。该企业规定：上班时间每个员工都必须佩戴工牌，如果发现谁没有佩戴工牌，将每次罚款 20 元。

刚开始大家都很自觉地上班时戴上工牌。有一次，一位员工因为起床晚了，害怕迟到，慌里慌张忘了佩戴工牌。当时，管理者觉得这位员工情有可原，而且也不是什么大事，就没有执行罚款 20 元的规定。然而没想到，两个月以后，上班没有佩戴工牌的员工大幅增加，最后几乎发展到有一半的员工都不戴工牌。许多员工觉得戴工牌太麻烦，反正戴不戴都一样，何必要戴呢？渐渐地，该企业员工的精神面貌大不如前，工作效率也有所下降。

这就是一个典型的“破窗效应”案例。由于没有有效的制止个别员工的错误行为，没有果断采取惩罚措施，结果出现了严重的问题。所以，在小团队管理中，一定要保持足够的警惕，决不能姑息个别员工，不能让他们影响了整个团队的气氛。

那些优秀的团队，都会在这一方面做得很好。这其实也是他们能够优秀的一个重要原因。

德国有一家机械加工企业。它的规模虽然不大，但效益很好。这家企业的员工很少离职，都非常忠诚，而企业也几乎不开除员工。

有一天，米勒正在加工一批零件。米勒是这家企业的老员工，几乎是跟着老板创业的第一批工人，深得老板的信任。因为家里有点儿急事，米勒就想赶快干完活儿请个假回家。为了更方便快捷地加工零件，他把切割刀前面的防护挡板卸了下来。他知道操作制度不允许这样做，但他更相信自己的技术和经验，而且，这方面从来没有出过事故。

正在米勒工作的时候，主管到车间来巡查。看到米勒的情况，主管勃然大怒，让米勒赶快把挡板装上，并狠狠地训斥了他一顿。然而，让米勒没有想到的是，第二天一上班他被通知去见老板。

老板的脸色很不好。他对米勒说："非常遗憾，你必须离开厂子。虽然你在厂里待的时间很长，为厂子做出了很大的贡献，我们也不是纯粹的上下级关系，更像老朋友，但为了厂子和你好，我不得不对你说抱歉了。身为老员工，你应该比任何人都清楚安全制度对于企业意味着什么。而你却违反了它。"

离开企业那天，米勒流泪了。在厂里工作了多年，米勒虽然也有过很多不尽如人意的地方，但厂里从没有人对他说不行。可这一次不同，他知道，自己这次触碰的是企业灵魂的东西。

德国这家企业的管理者非常优秀，对于原则性的东西，虽然员工仅是稍有违反，他却没有任何迁就和姑息。他深知“破窗效应”的威力，没有给其爆发留下任何机会。

当然，在小团队管理中，实际情况要复杂得多，对于那些“个别员工”绝不是开除了事。但有一点是必须要做的，那就是坚决制止，让他们立即改正，不能任由他们继续下去。具体方法比较灵活，只要能达到效果就好。

实战要点

对于个别负面员工要及时而巧妙地进行处理，决不能让一粒老鼠屎坏了一锅粥。

杜绝团队中“搭便车”的现象

“搭便车”就是指不付成本而坐享他人之利的投机行为。“就算我不做，总会有人做”是搭便车者的基本心理。

搭便车的典型事例就是“滥竽充数”。这个故事是这样的：

春秋战国时期，齐宣王非常喜欢听吹竽（古代的一种簧管乐器）。他有一个300人的乐师团队，全是吹竽的高手。他是一个爱摆排场的人，总想显示做国君的威严，所以每次都让300人一起吹竽给他听。

有个南郭先生听说了齐宣王的这个癖好，觉得是个赚钱的好机会，于是就跑到齐宣王那里说自己是一个吹竽的高手。齐宣王听了非常高兴，就爽快地让他加入了自己的乐师团队。

就这样，南郭先生每次随众人一起吹竽给齐宣王听，和大家一样享受着优厚的待遇。

其实，南郭先生根本就不会吹竽。每逢演奏的时候，他只是捧着竽混在队伍中，假装很卖力地吹奏。由于人很多，他一直没有被发现。

然而，几年后情况发生了变化。齐宣王去世了，他的儿子齐湣王继承了王位。齐湣王也喜欢听吹竽，但他和自己的父亲不一样，只喜欢听独奏。这样一来，南郭先生再也混不过去了，只好偷偷逃走了。

其实，在团队管理中，也会常常遇到像南郭先生一样的搭便车者。这些人在工作中习惯于耍小聪明，投机取巧，占人便宜，坐享其成。如果搭便车的人多了，就会形成“搭便车困境”，导致团队效率大幅下降。

我们可以通过一个事例来说明：有一个生产小组，为了提高产量，组长对成员说，如果大家能够超额完成月生产任务10%，那么每个人将得到 100 元的奖励；如果实际完成任务低于指标的 10%，每个人将会扣掉 100 元。组长的出发点相当好，如果每个员工都足够努力，都把小组的任务当成自己的任务，都有足够的责任感，那么，小组最终就会赢得一个皆大欢喜的共赢结局。

但是，假如有一个 A 员工，他觉得自己可以不用努力，或者即使自己少干点儿也不会影响大局，再说了，别人比我工资高，理应他们多干点儿。人的心理作用是很微妙的，当 A 员工出现以后，那么会出现更多的 A 员工，最终大家共同“享受”完不成任务每人扣掉 100 元的后果。

具体来说，“搭便车”现象会给团队造成以下伤害：

第一，破坏公平性，打击员工积极性

美国心理学家亚当斯的公平理论认为，当一个人做出了成绩并取得了报酬以后，他不仅关心自己所得报酬的绝对量，而且关心自己所得报酬的相对量。他要根据自己获得的报酬和投入的比值，进行种种比较来衡量自己的报酬是否合理，比较的参照物通常有“其他人”“制度”和“自我”三种类型，分为横向比较和纵向比较两种方式，比较的结果将直接影响工作积极性。“搭便车”者往往会成为员工衡量自己报酬的典型参照物。这将使员工感到严重的不公平，直接打击其积极性。

第二，导致投机取巧、互相推诿的团队文化

个体的“坏”行为在团队中具有很强的“传染性”，在得不到有效的管控时会迅速蔓延，最终发展为群体特征，并根植于群体文化中。对团队中“搭便车”的行为，如果没有进行及时而合理的处理，就会让其他员工得到“鼓励”，从而导致团队内部更多成员群起模仿。人的天性是“学好需要三年，学坏只需三天”。所以，这种模仿会很快蔓延开来，最终使整个团队文化变坏——投机取巧成风，相互推诿盛行。

第三，员工丧失归属感，离职率高

通常情况下，“搭便车”者最喜欢新员工。因为新员工对环境不熟悉，受到不公平对待也不敢反抗。于是，新员工往往会被“搭便车”者“剥削”，比如被摊派很多原本不属于自己的额外工作任务，努力取得成果却无权享受，一旦有责任却还得自己承担。这会严重地影响新员工的团队归属感。丧失了归属感，也就没有了工作的动力，他们只要有机会就会跳槽。如此一来，团队中的离职率一定会很高。

第四，团队成为一盘散沙，丧失战斗力

“搭便车”者的目的就是滥竽充数，坐享其成。当这成为群体特征后，员工最关心的问题不再是团队利益，而是如何让自己少做事，多受益。

即使少数富有正义感的员工不愿同流合污，但因失去了团队的正义支持，也只能明哲保身，一边做好自己的工作，一边忙于划清职责和固守自己的成果。

这样的团队何来战斗力？只能是乌合之众，散沙一盘。

那么，如何杜绝和消除团队中“搭便车”的现象和行为呢？

要解决这个问题，就尽量针对每个员工个体实施奖惩措施。把个体的奖惩和团体的奖惩结合起来，以便为团队创造更多的利益。

第一，独立考核，不要让优秀或低效益的员工隐藏在团队之中。

比如，在一个渔场中，规模较大的捕鱼活动需要许多人分工协作完成，如有人撒网，有人操作机械、有人收网等等，而个人不可能独立完成。因此，对捕鱼工作的考核应该以个人为考核对象。通过考核指标让每个人的工作效率有直观的体现，这样一来，谁干得好，谁干得不好就能一目了然。

第二，设立监督岗位。

对于小团队来说，由于人员少、管理结构扁平、人员之间可便捷地进行沟通，则无须建立烦琐的绩效管理体系，而应突出考核的明确性、实用性、重点性和时间性。重要的是要设立监督岗位，让搭便车的行为受到约束。当个人考核与岗位监督结合起来之后，就会大大地消除“搭便车”的行为。

实战要点

“搭便车”实际上是一种投机心理，是一种损人利己的不道德的行为。作为小团队的领导者，决不能让这种行为泛滥成灾。

如何对待“打小报告”的员工

在实际工作中，每个小团队都会或多或少地存在爱打小报告的员工。作为团队领导者，就要妥善应对这类员工，避免给团队造成不必要的影响。

通常情况下，员工打小报告的原因有四方面：

第一，抬高自己而贬低别人。这个原因最为普遍，所以人们才会对爱打小报告的人很厌恶。这类小报告通常会出现在相互竞争中，采用的手法是故意向领导泄露竞争对手的隐私，以此来增加自己的胜算。

第二，炫耀自己。他们认为自己的能力比别人强，于是故意在领导面前炫耀自己的才华，以引起领导的注意。有些人则纯粹是虚荣心在作祟，通过炫耀来满足自己的心理需求。

第三，认为自己受到了不公正的待遇。他们认为自己的能力很强，自己的工作也做得多，但却受到打压，不能升职加薪，于是心生不满，向领导打小报告，希望得到公正的对待。

第四，发现了团队内部的隐患。一方面，他们为了避免自己的过失，向领导报告隐患；另一方面，也是为了向领导邀功——你看，这个问题我发现了，而其他员工都没有发现。

不管是哪一种原因，团队中出现爱打小报告的员工都不是好事，说明团队出现了问题：

一是沟通渠道不畅。二是组织文化不健康。三是员工问题没有解决。这时，领导者就要尽快想办法应对。

第一，具体情况具体对待

对于出于抬高自己而贬低别人的目的打小报告的员工，一定要坚决压制。一般说来，这些靠打小报告来达到目的的人都是品格低下的人。一旦这种人得逞，那么给团队带来的伤害是特别大的。对于这种人，应该发现一个就辞掉一个，不管他多么有才能也不能姑息，要知道，人品重于能力。

对于为了炫耀自己而打小报告的员工，如果对方确实很有才能，就当他是毛遂自荐，给予重视；如果没有才华，只是炫耀，那就不必理会，就当看小丑表演。

对于为了申诉而向你的上级打小报告的员工，你不必过于理会。因为你才是团队的核心人物，你的上级怎么会否定自己当初选用的人呢？当然，你可以这样做的前提是你真的足够坦荡，没有私心。

对于发现隐患而打小报告的员工，不管他出于什么目的，都应该进行适当的表扬。

第二，树立自己的形象，赢得员工的信任

这一点虽然看似与打小报告关系不大，可是仔细挖掘却会发现有千丝万缕的联系。员工为什么会认为团队领导是一个喜欢听小报告的人呢？这说明团队领导在自己的形象建设上存在一定的缺陷。因此，团队领导应该着重树立自己的形象，赢得员工的信任，给爱打小报告的员工树立实干、果敢的形象。通过这样间接告诉爱打小报告的员工，自己喜欢实干的人，让他们收敛自己的行为。

总之，对于爱打小报告的员工，不妨抽出时间做一番细致的调查研究，把他这种毛病的形成轨迹弄清楚，然后对症下药，该说服的说服，该教育的教育，该批评的批评，慢慢地使其改变。

当其有好转迹象的时候，要对其进行关怀和鼓励。这样一来，不仅能改掉他爱打小报告的毛病，还能增加其忠诚度。

实战要点

在解决员工爱打小报告的问题时，都要先了解促成这些小报告产生的原因，然后才能对症下药，找到最好的解决方法。

怎样让“横茬儿”变成“顺茬儿”

在小团队中,什么是“横茬儿”？就是指比较难管的员工,是“刺儿头”。碰见这样的员工，领导都会比较头疼，感到比较棘手。

这些员工有以下共同特点：

第一，他们都有一定的工作能力和经验，有一定的工作资历，在团队中的成绩不是最好的，但也绝不是最差的。

第二，他们在小范围内具有一定的号召力和影响力，有一定的群众基础，恃才自傲。

第三，他们经常和领导公开顶嘴，反对一些新的计划和制度，甚至散布一些消极思想和言论，起到极为不好的负面影响作用，但绝不是有意识的，而是性格使然。

第四，他们爱表现自己，自由散漫，眼高手低，不拘小节，讲义气，认人不认制度。

团队中出现这样的员工，其产生的原因一般有以下几点：

第一,前任或前几任领导不断迁就,任其骄横,使其养成了习惯。

第二，公司越级管理现象严重，高层领导对其表现出了重用之意，让其像有了“尚方宝剑”一样，目空一切。

第三，公司经营不善，这类员工自认为属中流砥柱，公司没人敢动自己。

第四，团队氛围不佳，钩心斗角现象严重，派系复杂，管理不公，处于人治而非法治阶段。

第五，曾经当过领导，但却不能客观认识到自己的不足，对处理心存意见，心中不服，认为升职无望，不求上进，破罐子破摔。

作为领导，如果遇到这样的员工，就像一个烫手的山芋，辞退了可惜，也可能会影响到大家的积极性，可不辞退吧，他又经常让你难堪，影响你工作的开展和管理，怎么办呢？如何才能让这种“横茬儿”变为“顺茬儿”呢？

冷落法

这是一种冷处理的方法，就是在一定的时间范围内（通常是一周时间），尤其是在工作很忙、任务很重，所有员工都忙得不亦乐乎的情况下，对其不闻不问，也不给他安排工作任务，让他自己去冷静、思过，直到他实在忍不住找你来谈话。这时候主动权就掌握在你的手中了。然后，你可以很热情地接待他，陈述问题，用换位思考的方法和其沟通，让其认识到自己的不足，主动提出合作方案。

打赌法

这有激将法的味道，就是瞅准一个机会，激对方和你打赌。打赌的时候一定要在公共场合，让其他员工作证，堵死他的退路。赌的内容要以工作为中心，通常就是其认为“不可能”（其实并非不可能，只是有一定难度）的事情。当然，作为领导，在选择打赌事件的时候，自己心里一定要有必胜的把握，然后做出样子给他看，让他愿赌服输、无话可说，最后不得不服从你的管理。

对比打压法

从团队中找一个平时很不受大家关注，但一直默默无闻、踏实努力工作的员工，私下帮助其做出成绩，不断发现其态度上的闪光点，在公开场合多次进行表彰奖励。同时，不指名点姓地批评某些行为和作法，当然，大家都知道是在说谁。这种正反对比，会给被批评的员工很大的压力，打压其嚣张气焰，迫使其进行收敛或做出改变。当其有一点点积极改进的时候，要及时表扬，慢慢让其归顺你的管理。

交换承诺法

这类员工通常有一个特点，就是比较讲信用，讲义气，性格比较直爽。所以，只要有机会与其成为朋友，那么他一定会服从管理，并且赴汤蹈火、在所不辞。

要想成为其朋友可以分三步走：第一步先取得其对你的好感，比如在其有困难的时候，主动、无私给予帮助；第二步再找机会进一步加深了解，增进感情，但适可而止，不可让其对你摸得太透，了解太多；第三步就可以主动约其谈心、谈工作，坦诚协助其成长，前提是他一定要好好表现、努力，但你的承诺到时也一定兑现。在谈的过程中，可以采用“三明治”法，先要表扬其优点和长处，然后痛陈其缺点和不足，再提出解决办法，最后进行鼓励。

通过以上这些方法，相信一定可以收到比较好的效果，解决员工管理中常见的头痛问题，当然，如果还没有见效，就只有“忍痛割爱”，辞退他了。

实战要点

要清晰地认识到：没有不好的员工，只有不好的领导。所以，对待不好管的员工要多想办法、多动脑子。

组织小型的拓展训练

拓展训练能够促进团队协作精神和团结精神，强化员工归属感和凝聚力，提高团队的竞争力和战斗力。

拓展训练起源于二战期间的英国。当时，英国的商船常常遭到德国的打击，许多船员因此丧命，只有少数船员活了下来。人们发现那些活下来的船员并不是最强壮、水性最好的人，而是意志最顽强、求生欲望最强烈，且生存技能较好的人。

于是，英国人便开办学校，对海员进行针对性的训练。后来，这种训练延伸到了商业管理领域，也就成了现在的拓展训练。

现在的拓展训练有了更丰富的含义，不仅仅是生存技巧和意志的训练，更多的是团队协作的训练，有了更多的趣味性，掺杂了部分智力训练。

作为小团队，组织一些小型的拓展训练就可以了，没有必要参加大型的。

下面我们推荐一些小型的拓展训练项目。

同舟共济

活动概述：每组队员站成一路纵队，人与人之间要放上一个吹好的气球，彼此之间要夹住气球，然后所有队员双手平伸，然后全体队员一起向前行进，以哪个小组从起点先到达终点为优胜。

在整个过程中队员不能用手触碰气球，且气球不能掉落或者破裂，如果违反以上规则，所有队员要退回到起点重新开始。

动作接龙

活动概述：由两人上场比试，由一方先做一个动作，对手跟着做，再加上自己的一个新动作，以此类推！接不上，忘记者算失败！

集体造句

活动概述：把团队分成几个小组（小团队分两组就可以了），每一小组第一位组员准备好一支笔和一张白纸，游戏开始后每个小组的第一位组员随意在纸上写一个字，然后将笔和纸传给第二人，第二人按要求写完一个字后交给第三位组员……直到组成一个句子。

如果到最后一位组员句子没有结束，则由这位组员将句子写完整。写完后将所造的句子高举起来，最后以句子通顺，先举起造好句子的小组为胜。

传递气球

活动概述：准备一些没有吹气的气球和一个大筐，三个人一组。活动开始后，一个人在起点负责吹气球，一个人负责将气球从起点传递到终点，一个人在终点负责将传递过来的气球放在大筐里，当裁判喊开始后，看哪个组在规定的时间里传递到终点的气球最多即为获胜。

气球在中间进行传递过程中要经过每一个人，且每个人都不能用手以及胸部以下来触碰气球，在起点吹气球和终点负责保护的人可以用手但是不能越过起点和终点的线。如果违反以上规则，传送的气球要被扣除。

正话反说

活动概述：先规定出题的字数，比如这一轮出题必须在四个字以内，也就是说出题的人可以任意说一句话。“我是好人”那么答题人必须在5秒钟之内把刚才的那句话反过来说，也就是“人好是我”，如果说不出或者说错就算失败。

袋鼠赛跑

活动概述：准备一些麻袋和绳子。然后将麻袋用绳子连接在一起，让小组的每名队员都钻到麻袋里，排成一路纵队，在麻袋彼此相连的情况下，全队要通力协作从起点跳到终点，最后看哪个组先到达终点即为获胜。

虫子竞技

活动概述：小组成员发挥自己的想象力用身体组合成一条虫子，要求这条虫子只有 4 条腿，也就是说小组的所有队员只能有四肢着地，躯干不可以着地，组成虫子后，团队之间要进行竞技，看哪个小组从起点先移动到终点。

挤公交车

活动概述：每个小组发 3 份报纸和一些胶带，发挥自己的创意，制作成一个闭合的圆圈，把这个圆圈当成公交车，每次要有队员钻到圆圈里面去，从起点运送到终点，运送的数量不限，最后看哪个组先将自己组的所有队员运送到终点。

在运送的过程中，钻到报纸里的队员不能用手以及胸部以上触碰报纸，而且报纸也不能发生断裂，如果违反以上规则，运送过程中的所有队员都要返回起点重新开始。

实战要点

组织小型拓展训练的目的是为了促进团队的合作能力，提高竞争力，不能让员工图个乐子就行了，所以，在训练之后要进行讨论和总结。

合理授权，激发团队力

授权在小团队管理中很重要。每个人的时间、精力、能力和知识都是有限的，团队领导也一样，不可能是“超人”和“全能战士”，事事亲力亲为，必须要通过授权来实现有效的管理。

李峰带领着一个阿里巴巴的地推小团队。刚开始，他就是一个拼命三郎，每天都是日理万机，每个客户都是自己尽力去谈。但渐渐地，他发现情况有些不对劲儿，他每天忙得脚底朝天，甚至是感到力不从心，而团队成员并没有像他所希望的那样，以他为榜样，努力工作，反而无精打采，没有多少工作的激情。

李峰觉得一定是自己的管理出了问题，才造成这样的情况，而这种情况如果不及时得到纠正，后果将是难以设想的。

在经过一番思索之后，他决定调整自己的工作重心，减少自己出去跑市场的时间，增加对员工的管理时间。他每天的重点把所有要做的工作按照重要性、难易程度来排序，把各项工作分配给适合的员工去完成，自己主要负责三件事，一是安排工作，让员工自己去跑市场，找客户，具体怎么谈完全由他们自己做主。二是协调员工，当员工遇到自己权利之外的困难时，出面帮助员工解决困难。三是检查和督促员工的工作。当这些工作没有问题之后，有了多余的时间，他才会亲自去找客户。

在这样做之后李峰惊喜地发现，不但自己感到轻松，工作效率提高，员工也开始表现出极强的主动性和积极性，团队业绩明显攀升。

这就是授权所产生的力量。当领导把一切都抓在手里的时候，也就剥夺了员工工作的权利，压制了员工工作的积极性。在员工看来，领导什么都能做，还要他们干什么？所以，也就失去了工作的激情。而如果领导能够合理授权，放手让员工去干，则员工会觉得受到了重视，有了发挥才能的空间，所以，就会积极主动起来。如此一来，团队的激情、竞争力会大幅提升。

当然，授权也要讲究技巧，否则会出现失控的情况。只有科学合理的授权，才能提升效率，大幅激发团队力。

授权前要严格考察

在授权之前，要根据具体的工作来考察和选择授权对象。员工的工作能力如何？是否能够胜任这项工作？你是否真正地信任他？……这些问题都要想明白，考察清楚。如果没有找到合适的对象，那就宁愿不授权。

授权不参与

疑人不用，用人不疑。给员工授权之后就要信任员工，不要随意地插手干预，除非员工出现严重的错误需要及时处理。当员工觉得自己才是这项工作的主人时，他就会迸发出强烈的责任感和工作激情。

如果在授权之后经常觉得不放心，大小事都要过问，就会严重地打击员工的积极性。员工甚至会产生抵触情绪，怠工，不好好干。这种情况比不授权还要糟糕。

授权不是助理

授权不是让员工给你打下手，给你帮忙，而是让员工独立负责一个项目或者解决一个问题。这牵扯到一个责任的问题。员工拥有权力，就要承担相应的责任。只有权力和责任相匹配才能让员工受到约束和激励。

授权不等于弃权

授权不等于当“甩手掌柜”，撒手不管，长期放任员工，让其随心所欲地去做。作为团队领导，虽然不能随意干预和插手员工的工作，但绝不能忽略了自己监督和引导的责任。你应该随时关注下属的工作进展，如果大方向正确，只是一些小问题，那就放手让员工自己想办法解决；如果发现出现了严重的问题，那就要及时干预，帮助员工纠正错误。

实战要点

授权是提高效率，激励员工的有效方法之一。特别是小团队，不要认为人少，自己可以一竿子插到底，任何事都要亲力亲为。这样做的后果是：你的团队无法成长，永远只能是一个二流团队。

小团队管理实战训练：如果员工不信任你，该怎么办

信任是团队领导者与员工之间的黏合剂。缺乏这个黏合剂，团队就是散沙一盘。其实，团队领导的难点往往不是工作任务本身，而是如何与员工交流沟通，处理与员工之间的人际关系。

如果与员工在心理上保持很大的距离，员工根本就不信任你，时常对你保持戒备，那么你的团队管理工作就非常难做了。在这种情况下，如果你的专业能力很强，也许团队工作还能推动，但很难做到优秀；如果你的专业能力一般，团队工作则举步维艰。

那么，作为小团队领导者，如何才能获得员工的信任呢？

第一，不要摆官架子，要平易近人。

对待员工要和蔼可亲、坦率真诚，以平等友好的态度与大家相处。虽然你是领导者，但不等于你就高人一等，员工都有自尊心，如果你总是高高在上，那么员工对你只能是敬而远之。而且，这种尊重只是表面上的，很难发自内心。如此一来，就根本谈不上信任了。

第二，要多关心员工。

关心才能赢得真心。人与人之间的关系是相互的，你对我好，我就对你好，你信任我，我也就信任你。所以，在平时的工作和生活中要多关心员工。比如询问员工工作和生活方面是否遇到什么难题，是否需要帮助；员工生日，给其送一份礼物；经常对员工说“你们辛苦了”，对员工表示感谢；也可以与员工谈谈工作或生活方面的收获和快乐。这样，双方之间就会慢慢地建立起信任。

另外，一个领导者对员工的关心，不仅是工作方法问题，更是反映了一个人道德的修养。对于一个道德修养很高的人，人们更愿意信任他。

第三，要多赞扬员工。

一个领导者对员工的赞扬，不仅能激发员工的工作积极性，更能赢得员工的信赖。比如：“你很棒！”“你这一段时间的表现很好，超出了我的预期。”“做得很好，继续努力！”“这个项目这么快就完成了，你肯定非常努力！”

第四，对员工要有礼貌。

有礼貌是对其尊重的表现。如果感觉到了尊重，就会产生亲近的心理，这为信任打下了基础。所以，不要觉得对方是下属，就忽视应有的礼貌。

比如与员工谈话时，如果没有礼貌，那么员工就会觉得领导在轻视他，不尊重他，于是产生反感、厌恶、失落等心理。

第五，对员工要宽容。

宽容、谅解是取得信赖的条件之一。比如，员工由于一时冲动或者误解而在态度、言行上对领导有所冒犯，员工在工作中的一些无心之过，而且对团队影响不大的一些小问题。都不必太在意，尽量宽容原谅。这会使员工产生感激，进而增强信赖感。

当然，对于员工的宽容需要有一定的原则，不能没有底线，否则就是纵容，对团队的管理很不利。

第十章

营造氛围，创造机会，培养团队学习的习惯

学习的重要性不言而喻。一个学习型的团队，有晋升的无限可能。作为小团队的管理者，不仅要鼓励员工学习，给员工创造学习的机会，更要带头学习，做好学习的榜样。

营造浓厚的团队学习氛围

现在是一个快速发展的时代，只有不断地学习才能跟上时代的脚步。据美国科学家詹姆斯·马丁预测，人类知识的增长在19世纪时50年翻一番，20世纪初期30年翻一番，中期10年翻一番，后期5年翻一番，而进入了21世纪则是3年翻一番。也就是说，几年之内人类的知识量会成倍增长，如果不学习，个人会被替代或淘汰，团队会很快失去竞争力，最终走向失败。

世界著名未来学家阿尔文·托夫勒（Alvin Toffler）说："未来的文盲不再是目不识丁的人，而是没有学会怎样学习的人。"团队是由人组成的，当团队里面的成员都是"文盲"时，这个团队也就变成了"文盲"。

也许有人会说，我的团队里面都是高学历人才，每个人都拥有丰富的知识，学习与否不是很重要，重要的是如何创造业绩。如果这样认为，那就太短视了。在短期内，你的团队确实可能取得不错的成绩，但那是在吃老本，很难持久。要知道，"学历"不等于"学习"，"学历"是死的，"学习"是活的。在飞速发展、快速变化的时代面前，

“学历”就是一张纸，非常脆弱，很容易就会被撕碎，只有不断“学习”才能增加纸的韧性和强度，最终经受住时代洪流的冲击。

所以，作为小团队的领导者，必须想办法在团队内营造学习的氛围，让团队在学习中不断进步、不断提升。

在小团队内营造学习氛围，要做好三件事。

第一，调动员工学习的积极性。

按理说，大家都知道学习的重要性，可为什么很多员工就是不积极呢？其主要原因在于内在的动力不足。在员工看来，学习内容无法解决自己现在面临的问题。所以，要调动员工学习的积极性，首先，要让员工明白学习能够解决他们的什么问题和困难。只有这样，才能激发员工学习的内在动力，提高员工学习的主动性，使他们较快地进入学习状态。

另外，由于日常工作比较繁忙，大多数人无法长时间地坚持学习，这就要求团队领导要加强外在的引导力，促使员工积极学习。外在引导力包括团队领导的重视、同事之间的口碑效应、学习的趣味性等等。这些都需要团队领导组织引导，比如开学习成果分享会就是一个很好的方法；还可以在学习的时候组织游戏，欢乐的氛围有助于刺激和调动大脑的活跃度，增强员工学习的积极性。

第二，团队领导做好榜样。

榜样的力量很强大。如果领导不喜欢，也不愿意学习，那么就很难要求员工去学习。即使在领导的强迫下去学习，他们也是应付差事，敷衍了事。

所以，团队领导首先要拥有开放的空杯心态，积极学习，吸收知识，提高自己。这样才能“上行下效”，带动员工学习。

第三，从制度上向爱学习的员工倾斜。

把晋升、调薪与员工的培训学习挂钩。一般情况下，工作能力和绩效是员工晋升、调薪的重要依据。但是，从未来发展的角度看，学习更加重要，发展空间有限的员工与发展空间巨大的员工对于团队未来的意义大不相同。所以，团队的制度要向愿意学习，且能学以致用的员工倾斜。

实战要点

不要只看到眼前的蝇头小利，舍不得在员工学习方面进行投入；要着眼于团队未来，营造学习氛围，为员工提供学习的机会，促进员工与团队一起进步提升。

学习氛围的形成，会产生强大的正向作用力，带动每一个员工越来越爱学习。

小团队学习的几种形式

团队学习的重要性前面已经讲述过了，现在讲述具体的操作，也就是采取什么样的形式来进行小团队学习。

没有好的形式，就很难有好的效果。团队学习的形式非常多，需要领导者根据团队的实际情况选择最适合的。

在选择学习形式前，可以先在小团队内部建立知识库。这个知识库包括团队内的各种问题，比如产品知识、流程问题、优秀员工的工作经验、工作中最常见的障碍和问题等等。并且，要经常对知识库进行整理、调整和更新，以保证其准确性和实用性。员工可以随时进入知识库查阅，这对员工的学习有很大的帮助。

最常用的小团队学习形式主要有以下几种：

小组学习

这是指员工建立小组，共同学习。这种形式有两种情况，一种是兴趣小组，另一种是专项学习小组。

兴趣小组是指团队中的一些员工因为某种兴趣爱好而组成的小

集体。爱因斯坦曾说：“兴趣是最好的老师。”在原本就繁重的工作之外，唤起学习欲望的最佳切入点可能就是兴趣了。在小团队中组建兴趣小组，首先，要找到大家共同的兴趣。所以，可以先让每个人列举出几个自己感兴趣的关键字，然后看看它们交叉最集中的地方，从中再讨论并选取两到三个作为团队学习的方向。定好主题后，每个人选择参加其中的一到两个小组，并自由推举一个小组协调员，分头开展学习，定期交流。

专项学习小组是指为了学习某一项技能或者专业而组建的小集体。这种小组与兴趣小组有点儿像，但不完全相同。这种小组的目的非常明确，就是为了学习某样东西而专门组建的小组，参加的员工不一定对其感兴趣，但由于工作的需要而必须学习。比如研发学习小组，就是为了研发一种产品而使大家聚在一起讨论学习。

分享学习会

分享对于员工的学习很有帮助。这主要是成功经验和失败教训的分享。在工作中，员工取得成绩或者出现失误，很多团队都会表扬或者处罚员工，其实，完全可以让这种奖励或处罚具有更大的价值。我们可以让他们将经验和教训编写成案例进行分享，然后组织员工讨论学习。通过对经验和教训的深入挖掘，给员工以启发和警醒，让员工更快地提高和进步。

共创学习

共同想办法、共同改进的过程就是一个非常好的学习过程。这主要是指优秀员工与后进员工一起解决问题时，彼此智慧碰撞，相互支持配合的学习。当然,这里更多的是后进员工向优秀员工学习。

比如，要优化某个工作环节的流程，可以选择骨干员工和流程操作经常出错的员工一起参与，这样便于对流程的优点和缺点进行深入分析，制订出最佳方案。同时，也给员工理解流程编制过程的机会，让优秀员工更加优秀，后进员工取得进步，从而实现共创学习的目的。

参观学习

对于团队管理而言，参观优秀的“标杆”是非常流行的作法。这也是一种取经的方法。能成为“标杆”，绝对有其过人之处。参观他们就是去学习他们的过人之处。

这种学习方式的重点在于参观之后如何去做，不能让员工走马观花，图个热闹，参观之后没有任何效果。

团队领导要组织员工进行反思，深入讨论分析，然后结合自己的工作，提出改进的方法。而且，在改进的过程中，领导者要进行跟踪、督促和指导。

比赛学习

这是指通过比赛的方式组织员工学习。比赛的内容主要根据团队工作的内容来确定。如果团队从事的是计件的工作，就可以比赛工作的速度和效率；如果团队从事的是销售工作，就可以比赛业务知识和业务技巧。

通过比赛的方式，可以让员工在参与的过程中，活跃团队学习氛围，巩固业务知识，提升业务技能。这种理论和实践相结合，学习与趣味相结合的方式，能够一举多得。

实战要点

团队学习的重点在于最后所取得的效果，不能流于形式，做表面文章。所以，团队领导要多总结，多监督。

让员工掌握“费曼学习法”

许多员工在学习的过程中会出现效率不高的情况。他们在团队学习中也非常认真，用的时间也不少，但就是没有其他员工学得好。在这种情况下，可以让员工采用“费曼学习法”。

什么是“费曼学习法”呢？

理查德·费曼是美国著名的理论物理学家，1965年获得诺贝尔物理学奖。他在研制原子弹的“曼哈顿计划”中担任重要角色。

费曼给自己写了一本传记《别闹了，费曼先生》。在这本自传中，他提出了一个非常有效的学习方法，被称为“费曼学习法”。

“费曼学习法”分为四步：

第一步：选择一个学习的主题，开始阅读与它有关的所有资料，并做好必要的笔记。

第二步：想象你在教室里向学生解释这个主题。在讲述中用尽量简单的词汇去描述它，力求学生能听懂。当然，也可以把听众想象成其他东西，重要的是这些东西在认真地听你讲。

第三步：当你讲解不下去或者讲不清楚的时候，要回头阅读资料，弄清楚后再继续讲解。

第四步：回到第一步，试图用更加简洁、直白的语言去讲述你所学习的主题。

当这四步完成之后，你就真正吃透了所学习的主题。

当一个人能够用自己的语言，用最直白的词汇去讲清楚一个概念时，那就说明他对这个概念的理解足够深刻。

在实际运用的过程中，如果觉得自己不擅长讲述，则可以使用文字语言，也就是把自己所学习的东西写清楚，而且要使用尽可能简练的语言来写。

在小团队学习的过程中，让员工掌握并使用“费曼学习法”能够使学习效率大幅提升，节省员工的时间。

这里需要把握几个要点：

第一，一定要让员工记笔记，不能只是阅读。笔记能够加深印象，让抽象的知识成为有用的直觉。最好让员工养成记笔记的习惯。

第二，一定要讲出来，或者写出来。有些员工可能会说：“我已经理解了，想清楚了，不用那么麻烦地讲述或者写出来吧。”这时，决不能答应员工的要求,必须要让他讲或者写。这是“费曼学习法”的核心。在员工讲述的时候,要求他用自己的语言讲,不能照本宣科。

费曼在阐述自己这个方法的时候，说是可以通过“想象讲述”来达到目的，但在小团队学习的过程中，则要让员工当着同事的面讲述。

第三,一定要简单直白。如果员工讲得比较啰唆,那是不行的,最多算是初步达标。要让员工尽可能地简化直白。如果能够用一两句话讲得非常清楚则最好。

当然，也可以要求员工在业余时间自己使用“费曼学习法”，但一般效果不好，因为人都有惰性，没有约束就会放松懈怠。有些员工自律能力强，也力求上进，则会有不错的效果。

实战要点

好的方法往往能够起到事半功倍的效果，“费曼学习法”就是这种好方法。

在使用这种学习方法的时候，还可以通过员工之间的竞争（看谁讲得好）达到激励作用。

抓紧时间，进行碎片化学习

小团队可以进行碎片化学习。这样可以节约更多的时间，用更短的时间了解更多的知识。

现在是一个碎片化的时代，时间碎片化，阅读碎片化，信息碎片化……为了适应时代的发展，提高效率，学习也逐渐碎片化了。

碎片化学习有两层基本含义：一层是碎片化的时间，另一层是碎片化的学习内容。前者是指移动互联技术的发展，在便捷了每个人沟通的同时，也让每个人可以被随时打扰，对于大多数职场人士而言，能有一个 4 小时以上的整段时间恐怕都已经是一种奢望。后者是指海量信息社会，大量有用的精华信息夹杂在无数的碎片中，同时各类微课也层出不穷，碎片化的学习内容正变得越来越多。

碎片化学习的特点有三个：

一是灵活度更高：在分割学习内容后，每个碎片的学习时间变得更可控，提高了人们掌握学习时间的灵活度。

二是针对性更高：在分割学习内容后，学员可重点学习对自己更有帮助或启发的那部分内容。

三是吸收率更高：在分割学习内容后，由于单个碎片内容的学习时间较短，保障了学习兴趣，在学习成效上对于知识的吸收率会有所提升。

针对碎片化学习的含义和特点，在小团队学习过程中可以制订出有效的碎片化学习方案。

首先要设定一个目标。

有了目标就避免了员工盲目行动。有许多人由于缺乏目标的指引而无法适应碎片化的时间，迷失在碎片化的内容中。

比如，团队学习“带电作业”。第一个小目标是：两天内利用碎片时间学完“带电作业基本知识”；第二个小目标是：五天内利用碎片时间掌握“带电作业安全要点”。

有了目标的指引，员工就会充分利用碎片时间，翻微博、微信、知乎、豆瓣的时候就会关注带电作业的内容，或者专门搜索与其相关的内容进行阅读。有目的地阅读往往比随意阅读更能学习到有用的知识。

要提醒员工：拒绝手机上提示未读红点的诱惑，不看与目标无关的内容。

其次构建一个知识系统。

如果没有知识系统的约束，碎片化学习就会非常零散，得到的只是杂乱无章的信息，而不是有用的知识，更不会形成智慧。

有了知识系统，无论学习时间多么短、学习内容如何零散，都可以根据目标的需要，将它们填充在知识体系的相应位置上。

最后进行及时累积。

在团队碎片化学习中，要让员工明白及时性。如果看到对目标有用的信息，要及时消化，归入系统，进行累积。

有些员工在手机上看到了一篇小短文，觉得对目标很有用，但他只是匆匆地浏览一下，然后点击收藏，打算以后抽时间认真阅读。这种做法是错误的，因为员工的大脑已经收获了收藏的满足感，降低了再次阅读这篇小短文的兴趣，极有可能把它完全忘记。

所以，要及时处理这篇小短文，充分利用碎片时间，理解它，把它归入知识系统。

总之，利用好碎片化学习，小团队的学习效率会大幅提升，这对小团队的竞争力和未来发展具有非常重要的意义。

实战要点

碎片化已经成为趋势，无论愿不愿意，每个人都必须适应这种学习方式。作为小团队的领导者，必须与时俱进，重视碎片化学习在团队中的推广运用。

建立微信群，分享学习心得

在小团队学习方面，可以充分利用现代社交工具，比如微信。团队领导可以组建微信群，把团队成员全部拉入群内，在群内进行学习培训。

微信群学习的优势

第一，使用非常广泛。

现代职场上，每个人都有手机和微信号，而且使用频率非常高。微信已经成为人们现在社交的主要工具。截至 2018 年 3 月，微信全球月使用活跃用户数超过 10 亿。在国内网民上网时间占比中，微信达到了 23.8%，也就是说，微信占去了人们将近四分之一的上网时间。这些都是利用微信群进行交流学习的有利条件。

第二，具有很大的便捷性。

微信的移动性决定了它的方便性。所有的员工，不管是在坐车回家的路上还是在等客户的过程中，都可以通过微信群进行互动，更方便地交流。比如，员工在学习或者工作的过程中有什么问题，就可以随时在群里面提出来，大家帮忙讨论解决，或者由领导者把解决问题的文档、PPT之类的文件直接发在群里。这样，就很容易能够解决问题。员工有什么学习心得，或者发现很有价值的文章，也可以随时分享到群里面，大家都可以看到。

微信的便捷性，决定了许多团队把其作为交流、沟通、学习的平台和工具。

微信群学习的流程

首先，要确立话题。

利用微信群进行学习和培训，话题很重要，是第一要素。其实，这个话题也就是学习培训的主题。话题由群主（一般是小团队领导者）确立和发起。在确立话题前，也可先分享一些心灵鸡汤，或者发个红包，调动员工的学习积极性。

一个话题可以从不同角度、层面展开讨论学习。通常有两种方式，一个是在刚开始的时候，要尽量从员工感兴趣的方面（有可能与学习的主题关系不紧密）切入，等大家的情绪调动起来之后，再引入最主要的学习内容；另一个是单刀直入，开门见山，直接抛出学习的最主要内容，以最快的时间完成学习任务。话题切入方式可以根据具体情况来选择，不可死板。

其次，讲述学习内容。

在微信群里面讲述不用面对面，也不需要肢体语言技巧，重点是要注意阐述的逻辑以及语言的幽默。

需要注意的是，微信的单次语音通话只有60秒，有时候会导致语意不连贯，这就要求小团队领导在了解这个特点的情况下，合理安排学习内容，保证在60秒内能相对完整地表达一个信息，如果实在表达不完，也要注意与上一段语音内容的衔接。

同时，也可以发一些文字和图片资料，让员工更深刻地理解需要学习的内容。群里面的语音讲话内容可以保存，员工可以反复听、随时听。这一点非常好。

最后，引导讨论。

学习讨论通常是在讲述完之后进行，也可以在讲述的过程中进行，但要注意，不能破坏了讲述的节奏。

讨论要避免冷场和偏题。如果员工讨论热情下降，较长时间没有人发言，领导者要挑起话题，引导大家发言。如果员工讨论的话题偏离了学习的内容，领导者要及时纠正，把大家拉回来。

注意事项

微信群学习的内容应集中，范围不能太广，每次主题要集中在一个小问题上，学习时间以40分钟左右为宜，不能太长。

实战要点

利用微信群组织学习一定要选好时间，最好事先约定一个员工都空闲的时间段。

要注意平时对微信群的维护，比如发个红包、一句问候、搞笑的信息等等。不能只在组织学习的时候用，其他时间就不管不问。

构建学习型组织“圣吉模型”

只有把小团队打造成一个学习型组织，才能让小团队获得持续、长久、高效的动力，不断在学习中进步提高。学习型组织是一种有机的、高度柔性的、扁平化的、符合人性的、能持续发展的、具有持续学习能力的组织。管理大师彼得·圣吉在其著作《第五项修炼》中提出了构建学习型组织的“圣吉模型”。这个模型的建立需要做好五项修炼，即自我超越、改善心智模式、建立共同愿景、团体学习、系统思考。

自我超越

“自我超越”的修炼是构建“圣吉模型”的精神基础。

彼得·圣吉认为，只有通过个人学习，组织才能学习。所以，首先要让员工不断追求学习，并形成学习精神。这就要求员工不断进行“自我超越”。

如何进行“自我超越”？圣吉给出的答案是：一是建立个人“愿景”。这个“愿景”发乎内心，是真正关心的事。二是保持创造性张力。愿景与现实有一定的差距，而创造性张力就是缩小这种差距的力量，推动人向着愿景靠近。三是看清结构性冲突。每个人都有一些固有的成见，阻止人向愿景靠近。这就与创造性张力形成冲突和矛盾，需要人进行自我激励，增强意志力，从而弱化冲突，达到目的。四是真诚地面对真相。“诚实地面对真实情况的意愿愈强，所看见的真实情况也愈接近它的真相，创造性张力也愈有力量”。五是运用潜意识。潜意识对人的影响非常大，如果运用得当，会让人在不知不觉中实现目标。

改善心智模式

彼得·圣吉认为，心智模式就是根深蒂固存在于人们心中，影响人们如何理解这个世界，以及如何采取行动的诸多假设、成见、逻辑、规则，甚至图像、印象等。也就是说，心智模式是人们在大脑中构建起来的认知外部现实世界的“模型”，它会影响人们的观察、思考以及行动。

要想在小团队中构建学习型组织“圣吉模型”，就必须改善员工的心智模式。如果无法改变员工既有的心智模式，也就无法实现深层次的学习和创新。

那么，如何才能改善员工的心智模式呢?

彼得·圣吉指出，改善心智模式的过程，从本质上是把镜子转向自己，试着看清楚自己的思考与行为如何形成，并尝试以“新眼睛”获得新的信息、以新的方式对其进行解读、思考和决策。这个过程分为四步：

一是觉察。觉察是改变的前提。因此，让人们产生觉察，使隐藏于个人内心深处隐而不见的假设、规则、成见等“浮现”出来，才能更加主动地对心智模式进行检验和改善。

二是检验。新的资料是生成新的心智模式的必备原材料。在“心门”打开之后，人们可以通过新的视角去获得新的资料，或以新的视角去审视原有的资料。

三是改善。在接纳了新的资料之后，人们需要用新的规则或逻辑对其进行解读，以便检验心智模式的有效性及其适用范围。

四是植入。心智模式不是存在于理性思维的层面，而是隐藏于思维的背后，是在潜意识或无意识状态下发挥作用的心理存在。所以，要想让其发挥作用，必须经由持续的练习，让其成为下意识的习惯，让一些价值观、规则、逻辑等成为牢固的信念，进入潜意识层面，才能较稳定、持久地发挥作用。

建立共同的愿景

“共同愿景”是指组织中人们共同愿望的景象。它要求组织的全体成员拥有一个中心的共同目标、价值观与使命感，把大家凝聚在一起，为了实现大家渴望实现的目标，而主动地认真努力学习、追求卓越。“它是人们心中的一股令人深受感召的力量”。

共同愿景能够为小团队构建学习型组织“圣吉模型”提供焦点与能量。

那么，如何建立共同愿景呢？

彼得·圣吉认为，首先，要鼓励个人愿景。团队愿景是由个人愿景汇聚而成的，在个人愿景汇集的时候，团队愿景获得了能量。

其次塑造共同愿景。在塑造的过程中，让员工分享对团队愿景的理解，这样就会让共同愿景越来越丰富，越来越清晰。

团体学习

彼得·圣吉认为，“团体学习”是发展团体成员整体搭配与实现共同目标能力的过程。

在学习的时候，不仅整体产生出色的成果，成员成长的速度也比其他的学习方式更快。在团体中，进行的讨论和深度会谈，可以让每个成员的想法开展自由交流，以发现远比个人深入的见解，从而克服有碍学习的自我防卫。

团体学习需要注意三个方面：一是在学习复杂问题时，要革除团队中一些强大的抵消和磨损力量；二是需要既具有创新性而又协调一致的行动；三是不可忽视团体成员在其他团体中所扮演的角色与影响。

系统思考

系统思考要求人们运用系统的观点看待组织的发展。彼得·圣吉将系统思考放在了其他四项修炼之上，他认为，系统思考强化其他每一项修炼，并不断地提醒我们：融合整体能得到大于各部分总和的效力。

“系统思考”需要有“建立共同愿景”“改善心智模式”“团体学习”与“自我超越”四项修炼来发挥它的潜力。“建立共同愿景”是培养成员对团体的长期承诺。“改善心智模式”是专注于开放的方式,反思我们认知方面的缺点失误。“团体学习”是发挥团体力量，使团体力量超乎个人力量的总和的技术。“自我超越”则是不断反照个人对周围影响的一面镜子；缺少自我超越的修炼，人们将陷入“压力—反应”式被动困境。

“改善心智模式”和“团体学习”这两项修炼是基础；自我超越和建立共同愿景这两项修炼是向上张力；系统思考修炼则是核心，好比是火箭的发动机。

通过以上五步就可以在小团队中建立起学习型组织“圣吉模型”。但是需要注意的是，创建“圣吉模型”绝不是照搬照抄，一定需要与团队实际情况紧密结合，要防止三种倾向：

一是速效化。把“圣吉模型”当成速效救心丸，一学就灵，药到病除。有些团队只搞了两三个月，就想治好团队所有的毛病，结果发现不见效果，于是立刻收兵，或再搞其他花样。

二是运动化。把学习型组织创建搞成一场运动，雷声大，雨点小。整天喊着学习型组织，把它当成个筐，什么东西都往里装。然而，到底什么是学习型组织，为什么搞，如何搞，并没有真正搞清楚。

三是表面化。认为创建学习型组织就是人人学习、全员培训，于是在这一方面花费大量的时间。结果使学习成为一种负担，员工产生了抵触情绪。

“圣吉模型”要求团队中的每一个成员不仅要终身学习，不断补充新知识，而且要开放自我，与人沟通，最终达到从个体学习、组织学习到学习型组织的目标。所以，作为小团队的领导者，要时刻保持清醒的头脑，不要让构建“圣吉模型”成为一种形式化的走过场。

实战要点

学习型组织的构建是一个持续完善、提升的过程。

小团队管理实战训练：
如何养成团队学习的习惯

习惯的养成需要一个比较长的过程，不可能在短期内完成，需要小团队领导者持续地付出努力。

第一，定期组织学习，比如一周一次，或者一月一次，而且每次的时间基本上是固定的。如果持续的时间长了，员工就会慢慢地形成习惯。当每周或者每月这个日期到来的时候，员工就会自然而然地进入学习状态。

第二，对坚持学习或者学习效果很好的员工及时表扬。这对被表扬者是一种激励，也是对其他员工的一种刺激，让他们产生持续学习的动力。

第三，做好榜样。员工的眼睛都会盯着团队领导者，看领导怎么做。如果领导者三天打鱼两天晒网，参加团队学习的积极性不高，甚至经常让下属代为组织团队学习，那么员工的学习积极性一定不会高，更不可能养成学习的习惯。所以，领导者必须做好榜样，带动员工参加团队学习。

第四，小团队毕竟是一个组织，要有制度和纪律。可以用制度和纪律约束员工，强制要求他们参加团队学习。这样做，员工的学习效果可能不太好，但如果时间长了，再结合奖励和处罚等措施，也会让员工养成习惯。

第十一章

小团队高效进化：这些工具和理论必须掌握

做好小团队管理，那些有效的工具和理论一定要了解透彻，完全掌握。管理者的水平，往往是团队发展的天花板，所以，管理者必须不断地掌握更多的管理知识，提高自己。

确定团队领导类型：管理方格理论

“管理方格理论”是由美国德克萨斯大学的行为科学家罗伯特·布莱克（Robert R.Blake）和简·莫顿（Jane S.Mouton）提出的。这一理论主要是确定领导类型，以及不同领导类型对管理工作的有效性。以前，人们在企业管理方面秉持“非此即彼”式的绝对化观点，即要么以生产为中心，要么以人为中心。而管理方格理论指出，在对生产关心和对人关心的两种领导方式之间，可以进行不同程度的互相结合。

管理方格理论可以通过一个纵轴和横轴各九等分的方格图来表示，纵轴表示领导者对人重视的程度，横轴表示领导者对生产（工作）重视的程度。如图 11–1。

“1.1 型”表示对人和工作都不怎么关心，这种领导完全不合格，必然失败。这被称为“贫乏的领导者”。

“9.1 型”表示重点放在工作上，而对人很少关心。领导者的权力很大，指挥和控制下属的活动，而下属只能奉命行事，不能发挥积极性和创造性。这被称为“专制式领导者”。

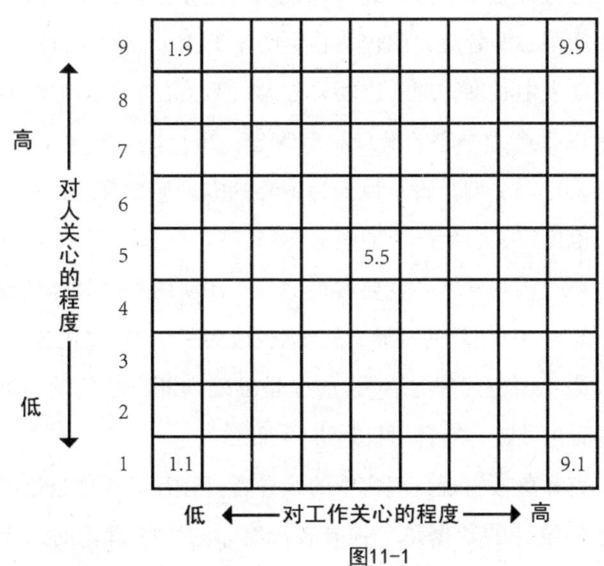

图11–1

“1.9 型”表示重点放在满足职工的需要上，而对指挥监督、规章制度却重视不够。这被称为“俱乐部式领导者”。

“5.5 型”表示领导者对人的关心和对工作的关心保持中间状态，只求维持一般的工作效率与士气，不积极促使下属发扬创造革新的精神。这被称为“小市民式领导者”。

“9.9 型”表示对人和工作都很关心，能使员工和生产两个方面最理想、最有效地结合起来。这种领导方式要求创造出这样一种管理状况：职工能了解组织的目标并关心其结果，从而自我控制、自我指挥，充分发挥生产积极性，为实现组织的目标而努力工作。这被称为“理想式领导者”。

除了这五种基本类型，还可以找出一些组合。比如，“5.1 型”表示准生产中心型管理，比较关心生产（工作），不太关心人；“1.5 型”表示准人中心型管理，比较关心人，不关心生产（工作）；“9.5 型”表示以生产为中心的准理想型管理，重点抓生产（工作），也比较关心人；“5.9 型”表示以人为中心的准理想型管理，重点在于关心人，也比较关心生产（工作）。

作为小团队领导者，就要客观地分析团队内外的具体情况，努力使自己向着“9.9 型”的领导方式发展，成为一个“理想式领导者”。

要成为“理想式领导者”，前提是准确判断自己的领导类型，然后才能看出差距，有针对性地进行训练。

布莱克和莫顿发现，现实中的领导者，往往会高估自己的管理水平。他们统计的数据是：领导者没有学过方格理论时，大约有 75% 的人会把自己的领导方式说成“9.9 型”，然而当学习和进行科学的自我测定后，坚持自己的领导方式为“9.9 型”的比例会减少到 25%。

在判断自己的领导类型时，特别要防范自我欺骗，尤其是不自觉的自我欺骗。这就需要以客观的可衡量的标准尺度来衡量现实中的管理表现。

布莱克和莫顿根据对管理坐标定位的影响大小，筛选出决策、信念、冲突、性情、涵养、努力六大要素，对每个要素给出不同的行为表述，供人进行自我测验。这种自我检测，可以排除大部分无意识的自我欺骗。

有了恰当的自我评价，团队领导者需要开展有针对性的训练，以改进领导方法，提高管理水平，最终养成理想式领导风格。具体方法可以参考布莱克和莫顿写的《管理方格》一书。

管理方格理论问世后便受到了管理学家的高度重视。它给小团队管理的启示是：一方面要高度重视手中的工作，要布置足够的工作任务，向员工提出严格的要求，并且要有规章制度作保障；另一方面又要十分关心员工，包括关心他们的利益，创造良好的工作条件和工作环境，给予适度的物质和精神的鼓励等。

只要能够成为一个“理想式领导者”，一定会带好一个小团队。

实战要点

小团队的管理既要重视工作任务的完成情况，又要关心员工；既要艰苦奋斗，保证任务完成，又要以人为本，多为员工着想。这两方面都能做好，就会成为优秀的团队领导者。

提高团队效率：贝尔宾团队角色理论

“贝尔宾团队角色理论”是由剑桥产业培训研究部前主任梅雷迪思·贝尔宾博士提出来的。这个理论的主要作用在于提高团队效率。

贝尔宾博士认为，没有完美的个人，但有完美的团队。一个完美的团队应该由九种角色构成，团队成员应该清楚自己以及其他同事所扮演的角色，充分发挥自己的优势，密切配合，默契协作。

这九种角色分别为：

智多星 PL（Plant）

这种类型的员工有很强的创造力，在团队中适合充当创新者和发明者的角色。他们为团队的发展和完善出谋划策。通常他们更倾向于与其他团队成员保持距离，运用自己的想象力独立完成任务，标新立异。对于外界的批判和赞扬，他们会有非常强烈的反应。他们的想法总是很激进，并且可能会忽略实施的可能性。

他们很独立，也很聪明，而且充满原创思想。但是，他们非常敏感，有些另类，可能不善于与人沟通交流。

外交家 RI（Resource Investigator）

这种类型的员工非常热情，性格外向，行动力强，在团队中适合充当外交家的角色。无论公司内外，他们都善于和人打交道。他们与生俱来是谈判的高手，并且善于挖掘新的机遇、发展人际关系。虽然他们并没有很多原创想法，但是，在听取和发展别人想法的时候，效率极高。他们善于发掘那些可以获得并利用的资源。由于他们性格开朗外向，所以，无论到哪里都会受到热烈欢迎。

他们为人随和，好奇心强，乐于在任何新事物中寻找潜在的可能性。然而，如果没有他人的持续激励，他们的热情会很快消退。

审议员 ME（Monitor Evaluator）

这种类型的员工态度严肃，谨慎理智，在团队中适合充当决策者的角色。他们有着与生俱来的对过分热情的免疫力。他们倾向于三思而后行，做决定比较慢，但往往考虑得非常周全。所以，他们所做出的决定，基本上是不会错的。

他们非常具有批判性思维，所以，有的时候比较挑剔，要求严格。

协调者 CO（Co-ordinator）

这种类型的员工成熟、自信，值得信赖，在团队中适合充当协调者的角色。他们最突出的特征就是能够凝聚团队的力量向共同的目标努力。在人际交往中，他们能够很快找到对方的长处，并且通过知人善用来达成团队目标。

他们也许不是团队中最聪明的人,但一定是最受员工尊重的人。

鞭策者 SH（Shaper）

这种类型的员工顽强自信，充满干劲儿，精力充沛，渴望成功，在团队中适合充当激励者的角色。他们非常有进取心，性格外向，拥有强大驱动力。他们勇于挑战他人，并且关心最终是否胜利。他们喜欢领导并激励他人采取行动。在行动中如遇困难，他们会积极找出解决办法。面对任何失望和挫折时，他们倾向于显示出强烈的情绪反应。

他们对人际不敏感，好争辩，可能缺少对人际交往的理解。这些特征决定了他们是团队中最具竞争性的角色。

凝聚者 TW（Teamworker）

这种类型的员工性格温和，关心他人，在团队中适合充当凝聚人心的角色。他们灵活性强，适应不同环境和接触不同类型人的能力非常强。他们是最佳倾听者，很受员工欢迎，往往能够获得员工的最大支持。

他们观察能力强，善于交际，在工作上非常敏感，但是在面对危机时，往往优柔寡断。

执行者 IMP（Implementer）

这种类型的员工有强烈的自我控制力及纪律意识，在团队中适合充当执行者的角色。他们偏好努力工作，并系统化地解决问题。他们属于典型的将自身利益与团队紧密相连、较少关注个人诉求的角色。

他们很忠诚，但往往会因缺乏主动而显得比较死板。

完成者 CF（Completer Finisher）

这种类型的员工性格内向，注重细节，能够坚持不懈，在团队中适合从事收尾的角色。他们不太会去做他们认为完成不了的任何事。他们由内部焦虑所激励，但表面看起来很从容。

他们无法容忍那些态度随意的人。

他们并不喜欢委派他人，而是更偏好自己来完成所有的任务。

专业师 SP（Specialist）

这种类型的员工非常专注，认真严谨，在团队中适合充当研究者的角色。他们往往会专注于维持自己的专业度以及对专业知识的不断探究之上。

由于他们将绝大多数注意力都集中在自己的研究领域，因此，他们对其他领域所知甚少。最终，他们成了只对专一领域有贡献的专家，无法成为复合型人才。

那么，如何确定员工属于哪种角色呢？

通常采用“个人测评问卷”的方法。这个问卷包括两部分：自评（SPI）和他评（OA）。

贝尔宾自评问卷，能在不同程度上描绘一个人的行为倾向与行为特质。自评部分共分 8 大题，每题 10 句话，受测者需要将每题的总分 10 分分配给其中的 10 句话。分数分配的原则是：最能体现一个人行为的句子分最高，以此类推。最极端的情况是：10 分全部分配给其中的某一句话，或在每句话上分配 1 分。受测者可根据日常实际情况，将分数填入对应句子的复选框内。整个答题时长在 15 分钟左右。

贝尔宾他评问卷，是指邀请受测者的同事对受测者进行评述。被邀请的同事将勾选与受测者相关的形容词，整个答题时长在 10 分钟左右。

在问卷完成之后会有一个贝尔宾团队角色个人报告。根据这个报告就能基本确定员工属于哪种角色，能够从事什么岗位的工作。对于一个团队进行测试，就能清楚地分析出团队的优劣势，知道团队缺失或富余的角色。

对于小团队来说，贝尔宾团队角色理论的具体作用体现在以下三个方面：

第一，选拔合适的人才。

真正了解一个人很不容易，所以在团队招聘或者任命员工的时候，需要下很大的功夫。而贝尔宾团队角色理论，则可以帮助团队很轻松地找到非常合适的员工。

第二，提升团队效能。

团队领导者可根据员工的贝尔宾个人报告，明确他们在团队中所能做出的贡献，从而使其效能最大化。另外，领导可以根据员工的不同特点，进行有效的组合匹配，大幅提升团队的效能。

第三，化解工作中的冲突。

贝尔宾团队角色理论可以帮助员工了解工作中产生冲突的深层原因，从而使其在现实工作中尊重彼此的差异，真正实现优势互补，并从根本上缓解工作中的冲突和矛盾。领导者也更容易调解、化解自己与员工之间、员工与员工之间的冲突。

实战要点

最好找专业的机构进行贝尔宾测评，这样的测评准确性最高，也更有利于团队的管理。

补齐团队短板：木桶理论

木桶理论的核心思想是：一只水桶能装多少水取决于它最短的那块木板。如果最短的木板不加长，其他木板再长也无济于事，任何多余的水都会从最短的木板处流走。这个理论也叫短板效应。

在团队管理中，木桶理论常会用到。一个团队中，员工的能力不可能一样，会有高有低。而团队的竞争力往往会受到能力低的员工的制约，因此，作为团队领导者，要尽快想办法补足团队的“短板”。

一般情况下，要想提高团队竞争力，有两个办法，一个是学习马太效应，扬长避短，把优势做到极致；另一个是寻找阻碍团队竞争力提升的短板，然后补齐短板，迎头赶上。如果团队不用“补短板”，那只能说明有些短板还没有到阻碍团队发展、让团队漏水的地步。

作为团队的领导者，要尽量使团队均衡发展。如果某项能力太弱，就会在竞争中暴露出来，成为对手攻击的弱点，所以必须下力气及时地给予补上。

团队补齐短板的有效手段是培训。培训是一项有意义而又实实在在的工作，许多著名企业都很重视对员工的培训。

在失败的团队里，培训是多余、成本、无效、耽误经营的“垃圾”；在成功的团队里，培训是必须、投资、保障发展的重要手段！

优秀的企业都非常重视培训。华为创始人任正非曾经发表过一篇讲话，题目为《培训：通向明天的阶梯》。他在讲话中指出：“培训工作很重要，它是贯彻公司战略意图、推动管理进步和培养干部的重要手段，是华为公司通向未来、通向明天的重要阶梯。”

员工培训实质上就是在增大这一个个“木桶”的容量，增强团队的整体实力。在进行员工培训的过程中，要重视“短木板”——普通员工的开发。

在实际工作中，领导者往往非常重视核心员工，而忽视对普通员工的利用和开发。如果团队领导将过多的精力关注于核心员工，而忽略了占团队多数的普通员工，会打击团队士气，从而使核心员工的才能与团队合作两者间失去平衡。

作为团队的领导者，一定要明白一个道理：培养核心员工固然很重要，他们是团队的核心竞争力，但如果没有普通员工的配合，提供支持，团队很难取得胜利。

在处理团队短板的时候，除了培训，还有其他的方法，但相对来说风险比较大。比如将短板换成新板。这个方法的好处在于简单直接，比较省事。比如团队某个员工的工作能力较弱，成为团队的短板。团队领导将他辞退，然后招聘一个工作能力强的员工。这就节省了培训所需要的时间和资金。

但是，这个方法也存在很大的风险，很有可能“去个孙悟空来个猴子”。新招聘的员工需要磨合，是否真的胜任工作还需要考查，这些都是非常大的隐性成本。另外，辞掉员工，也会对其他在职员工的工作积极性造成很大影响。

当然，理论是死的，而人是活的！每个团队的具体情况都不一样，而且不同阶段需要补的短板也会不一样，这就需要领导者灵活处理。

实战要点

只有想方设法让“短板”达到“长板”的高度，才能消除软肋，充分发挥团队作用，爆发出强大的战斗力。

分析团队员工素质：冰山模型

掌握团队成员的整体素质，对他们有一个全面深刻的了解是管理好小团队的基础。如果没有打好这个基础，就会在用人、安排工作任务、人际沟通等方面出现失误，给团队造成损失。

那么，如何全面了解员工的素质状况呢？冰山模式是一个不错的选择。

冰山模型由美国社会心理学家戴维·麦克利兰（David·C·McClelland）于 1973 年提出。这个模型就是将人员个体素质的不同表现，表式划分为表面的“冰山以上部分”和深藏的“冰山以下部分”。如图 11–2。

“冰山以上部分”是显性的外在表现，能够很容易看见，其内容包括基本知识、基本技能。这一部分容易了解与测量，相对而言也比较容易通过培训来改变和发展。

知识，指个人在某一特定领域拥有的事实型与经验型信息。

技能，指结构化地运用知识完成某项具体工作的能力，即对某一特定领域所需技术与知识的掌握情况。

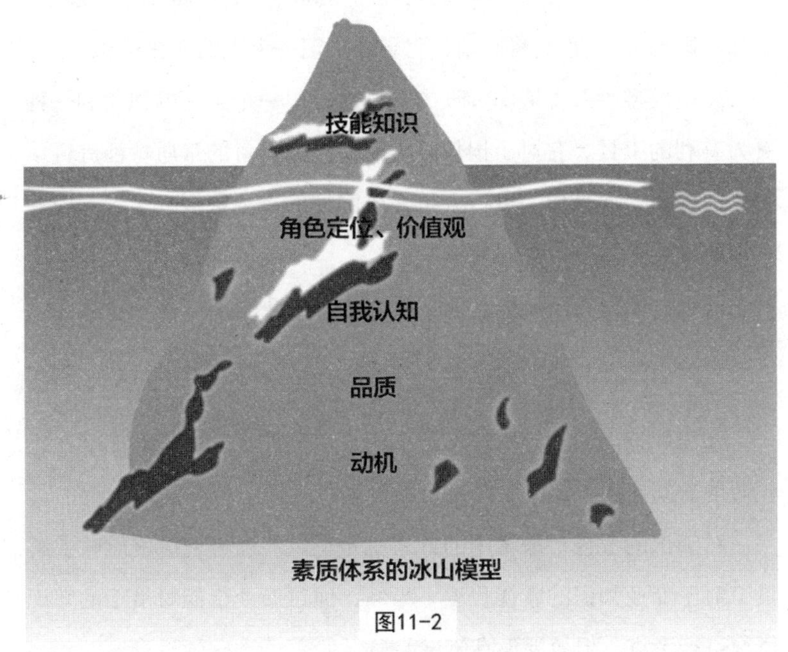

图11-2

“冰山以下部分”是隐性的，是内在的，很难看到，其内容包括价值观、自我认知、特质和动机。这一部分难以测量，也不太容易通过外界的影响而改变。但是，它却对人员的行为与表现起着关键性的作用。

价值观，指一个人认定事物、辨别是否的一种思维或取向。

自我认知，指一个人对自己的洞察和理解。

品质，指个性、身体特征对环境和各种信息所表现出来的持续反应。

动机，指在一个特定领域的自然而持续的想法和偏好（如成就、亲和、影响力），它们将驱动、引导和决定一个人的外在行动。

冰山模型为人力资源管理的实践提供了一个全新的视角和一种更为有利的工具。它对于担任某项工作所应具备的素质特征进行了明确的说明，而且成为进行人员素质测评的重要依据，为人力资源管理的发展提供了科学的前提。

那么，如何在小团队管理中使用冰山模型呢？

“冰山以上部分”的考查

知识和技能通常与工作所要求的直接资质相关，我们能够在比较短的时间使用一定的手段进行测量。

对知识的考查，最常用的方式就是笔试。通过笔试就能够了解员工对于专业知识的掌握程度。当然，通过面谈也能对员工的知识情况进行考查，但效果没有笔试明显。

对技能的考查，可以先看员工的毕业证、专业技能证书，对员工的技能情况有一个初步的了解。然后，可以让员工实际操作，看其实战技术水平到底如何。这是最实用有效的方法之一。比如广告文案岗位，就直接给员工一个广告项目，让员工撰写文案；焊接工岗位，直接让员工实际焊接。

对员工的知识和技能进行考查时，如果发现员工有潜力，即使其测试的结果不理想也没有关系，因为知识和技能可以通过培训、锻炼等方法来提高。

“冰山以下部分”的考查

对员工进行考查时，不能仅局限于“冰山以上部分”的技能和知识，还要从其“冰山以下部分”的求职动机、个人品质、价值观、自我认知等方面进行综合考虑。对这些层面考查得越详细，对员工综合素质的了解和判断也就越全面准确。

当然，由于“冰山以下部分”是隐性的，有一定的判断难度，需要使用更多的方法技巧。

对于求职动机的考查，可以通过询问、观察等方式来进行，最常用的问话是：“你为什么要离开上家公司？”“你对我们公司了解多少，为什么要来我们公司？”

动机非常重要，是工作的内在驱动力。所以要尽可能地了解清楚员工的求职动机。

对于个人品质的考查比较困难，需要通过谈话观察，或者其对待某件事的态度和方式来进行初步的确认。忠诚、勇于负责、敬业、高效、坚韧、感恩等良好的品质可以帮助员工在工作中取得优异的成绩。但是，这些东西不是一时半刻就能看出来的，有些人非常会掩饰，只有经过一段时间的接触，才能真正了解。所以，在对员工的品质有一个初步了解之后，可以暂时安排工作，然后进行观察和考核，最后再做决定。

对于价值观的考查，最常用的方法就是询问。比如对加班、工作压力、诚信、客户、服务标准、公司愿景的看法等等。通过员工的回答，就能了解其价值取向。

价值观形成的时间比较漫长，改变起来比较困难，对人的行为影响很大。只有个人价值观与团队价值观一致的员工，才能长久地留下来，并愿意为团队努力付出。如果不认可团队的价值观，再优秀的员工也不能要。

对自我认知的考查，主要通过员工的自我评价来确认。比如可以询问员工："你认为自己有哪些优点？""你认为自己的缺点是什么？"当员工回答的时候，不要重视答案，因为这类问题网上有模板，员工通常会回答得很漂亮；需要重视的是注意观察员工的表情和语气。如果表情自然、语气平静，回答得很顺畅，那么说明员工比较自信、自我认知良好；如果表情慌乱、语气急促，或者显得不好意思，眼睛不敢直视，那么说明员工缺乏自信，自我认知比较差。

通过对员工的全面考查，特别是"冰山以下部分"的考查，能够对员工有一个准确的了解和认识，从而为其安排最为妥当匹配的工作岗位和任务。

实战要点

员工业绩的优劣大部分是由深层次动机（冰山以下部分）所决定的，且后天很难改变。因此团队应当更加注重选拔合适的人才，将考查的重点放在价值观、品质、动机等方面，而非知识和技能。

培养团队新人：蘑菇管理

在小团队新人培养方面有很多方法，而蘑菇管理是一种比较特殊的方式。特别是对于很看好，想要委以重任的新员工，可以尝试着使用。当然，这需要对新员工的情况有一定的了解，知道他愿意长期留在团队，性格比较坚韧。

蘑菇管理是一种比较形象的说法，其意是：像对待蘑菇一样对待新员工，把他置于阴暗的角落（不受重视的部门，或打杂跑腿的工作），浇上一头大粪（无端的批评、指责、代人受过），任其自生自灭（得不到必要的指导和提携）。

这是对员工的一种磨砺和考验，能够扛过一段蘑菇经历的人都是非常优秀的员工。

据称，蘑菇管理一词来源于20世纪70年代一批年轻的电脑程序员的创意。由于当时许多人不理解他们的工作，持怀疑和轻视的态度，所以年轻的电脑程序员就经常自嘲“像蘑菇一样的生活”。最后，蘑菇管理就逐渐为人们所知，并运用于企业管理中。

惠普是世界著名的信息科技公司，其前CEO卡莉·费奥丽娜就是从蘑菇管理中脱颖而出的佼佼者。

卡莉·费奥丽娜从斯坦福大学法学院毕业后，第一份工作是在一家地产经纪公司做接线员。接电话、打字、复印、整理文件是她每天的工作。这对于一个世界名牌大学毕业的人来说是一种羞辱。这种琐碎平凡的工作，即使一个普通人都能干得很好。虽然她的父母和朋友都表示支持她的选择，但她知道这是他们对她的尊重，而不是他们觉得她的选择是正确的。卡莉·费奥丽娜相信自己的选择。她毫无怨言，认真负责，并在简单烦琐的工作中积极学习。

终于，卡莉·费奥丽娜的机会来了。有一次，几个房产经纪人问她是否还愿意干点儿别的什么，她表示自己对于房地产销售策划感兴趣，希望能够得到一次撰写这样的策划文稿的机会。结果，她得到了这样的机会，她的人生从此改变。她写出了堪称经典的房地产策划文稿，一下子声名鹊起。后来，惠普公司将卡莉·费奥丽娜挖了过去。经过不懈的努力，卡莉·费奥丽娜最终成了惠普公司的CEO。

其实，对于新员工来说，做“蘑菇”就是机会，虽然这个机会充满了艰辛。

许多刚参加工作的年轻人到一个新公司，对工作业务、流程、环境、人事都不熟悉，不太可能马上胜任重要工作。这时候，如果能够经历一段“蘑菇管理”，无论对公司还是个人都有积极的意义。对公司来说，不会因为新员工对业务的不熟练而带来损失。对个人来说，积累了经验，熟悉了工作，磨炼了意志，获得了成长的好机会。

从团队管理的角度来看，无论新员工多么优秀，都应该从最简单的事情做起，先适应和熟悉，然后再进入角色。“蘑菇”的经历，对于成长中的年轻人来说，就像蚕茧，是羽化前必须经历的一步。

现在的年轻人普遍没有吃过苦、受过罪，在温室里长大，心高气傲，眼高手低，很有必要对他们进行磨炼。

对于小团队而言，实施蘑菇管理的劣势在于人少，一个萝卜一个坑儿，很难采用闲置、不予重视、冷落等方法，但优势在于领导者可以近距离、多角度观察，能够很详细全面地获得被考查者的情况，更容易做出准确的判断。

实战要点

蘑菇管理是一种特殊状态下的临时管理方式，如果太狠，会适得其反，如果太轻，没有多大效果。所以，作为团队领导，要把握好时机和程度。

小团队管理实战训练：如何走出“舒适区”

“舒适区”这个概念最早是由心理学家罗伯特·耶基斯（Robert M.Yerkes）和约翰·道森（John D.Dodson）提出的，其意是指活动及行为符合人们的常规模式，能最大限度减少压力和风险的行为空间。在这个区域里，人会觉得舒服、放松、稳定、能够掌控、很有安全感。一旦走出这个区域，人就会感到别扭、不舒服，或者不习惯。

人都愿意待在“舒适区”内，不愿走出去。但是，如果长期待在“舒适区”内则会产生极大的负面影响：不思进取，故步自封。

小团队一般处于企业第一线，或者是刚开始创业，最需要的是开拓进取、拼搏冲杀，所以，作为领导者必须要能走出“舒适区”。

小团队领导者待在“舒适区”，往往会出现这种情况：

管好自己的“一亩三分地”，不求有功，但求无过；不愿创新和开拓，死板保守；松懈、倦怠，得过且过。

如果能够走出“舒适区”，则会得到如下好处：

一是工作更加有效率。舒适感会消磨人的干劲儿和热情，使人出现拖延、懈怠等工作状态。而跨出“舒适区”就要面对危机和不确定性，这会促使人打起精神，找到更加聪明的工作方式，不断提高工作效率。

二是更容易适应变化。在小团队的管理工作中，常常会面对各种意想不到的变化或者新情况。而处在“舒适区”之外，能够让人更加敏感和活跃，也愿意尝试可控性的冒险，这些都能使人更好地应对变化。

三是更容易集思广益。走出“舒适区”，会让人以新的视角看待老问题，摒除偏见，接受员工的各种建议。

那么，如何才能走出“舒适区”呢?

第一，尝试每天做不同的事情。比如换一个与员工交流沟通的方式、试用不同的操作系统、改变上班的路线、尝试以前没有吃过的饭菜等等。总之，想办法改变自己的生活工作状态。

第二，不要急于求成，每天改变一点儿就行了。突然做出很大的改变很难，也会给团队管理带来巨大的影响。所以，从工作到生活慢慢改。一小步接着一小步，逐渐控制不适感，直到形成新的习惯。

第三，相信自己，快速决策。“舒适区”会消磨人的自信，让人不敢尝试，遇见事情犹豫不决，反复思考，不敢拍板。所以，你必须强迫自己，鼓起勇气，相信自己的判断，快速决策。比如启动一个项目，只要论证可行，条件允许，那么就果断拍板，不要前怕狼后怕虎。

走出“舒适区”需要很大的勇气，需要不断坚持，但只要真正完成了这个痛苦的过程，就一定会成为一个优秀的小团队领导者。